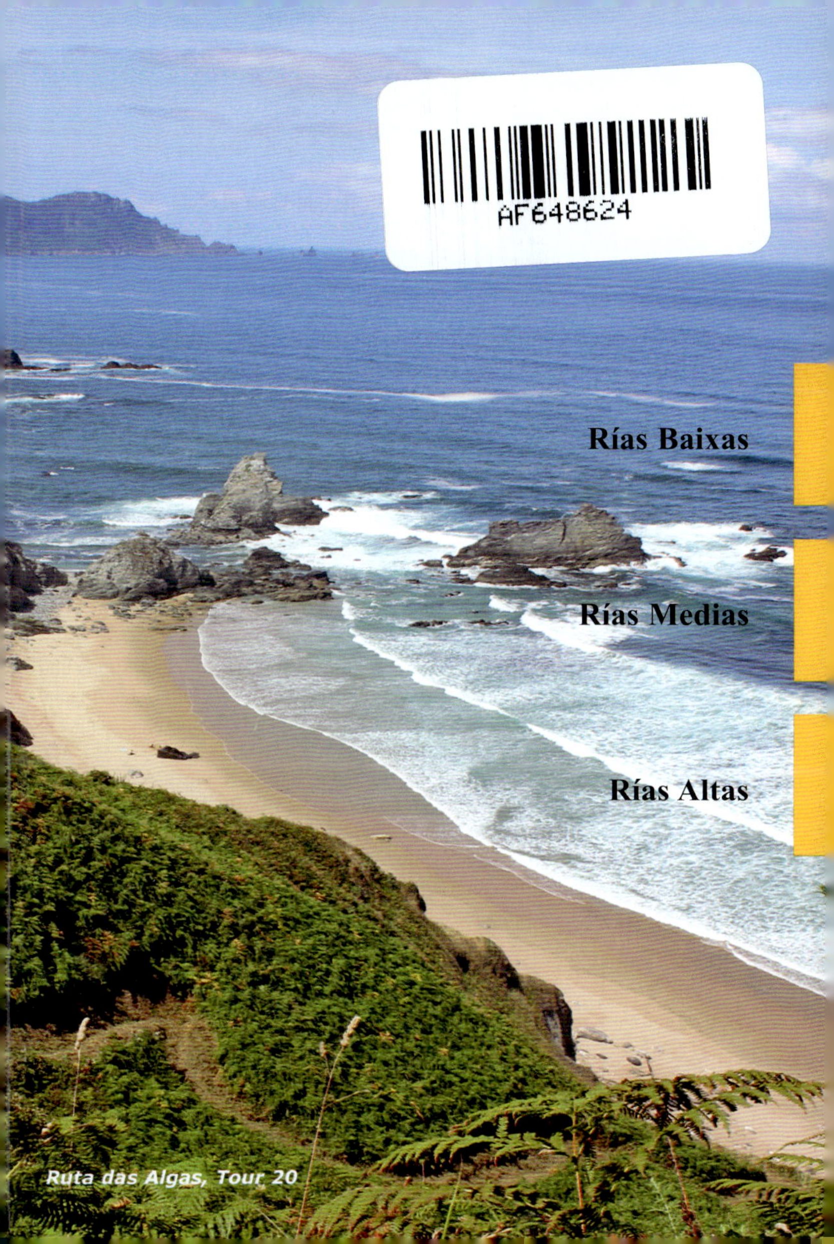
Rías Baixas
Rías Medias
Rías Altas
Ruta das Algas, Tour 20

Galicien

Alle Informationen, schriftlich und zeichnerisch, wurden nach bestem Wissen zusammengestellt und überprüft. Sie waren korrekt zum Zeitpunkt der Recherche. Eine Garantie für den Inhalt, z. B. die immerwährende Richtigkeit von Preisen, Adressen, Telefon- und Faxnummern sowie Internetadressen, Zeit- und sonstigen Angaben, kann naturgemäß von Verlag und Autorin – auch im Sinne der Produkthaftung – nicht übernommen werden.

Die Autorin und der Verlag sind für Lesertipps und Verbesserungen (besonders per E-Mail) unter Angabe der Auflagen- und Seitennummer dankbar.

Dieses OutdoorHandbuch hat 160 Seiten mit 57 farbigen Abbildungen, 24 farbigen Kartenskizzen im Maßstab 1:25.000 und 1:50.000 sowie 18 farbigen Höhenprofilen und einer farbigen, ausklappbaren Übersichtskarte. Es wurde auf chlorfrei gebleichtem, FSC®-zertifiziertem Papier gedruckt, in Deutschland klimaneutral hergestellt und transportiert und wegen der größeren Strapazierfähigkeit mit PUR-Kleber gebunden.

FSC
www.fsc.org
MIX
Papier aus verantwortungsvollen Quellen
FSC® C009051

Klimaneutral
Druckprodukt
ClimatePartner.com/10951-2004-1004

Dieses Buch ist im Buchhandel und in Outdoor-Läden erhältlich und kann im Internet oder direkt beim Verlag bestellt werden.

OutdoorHandbuch aus der Reihe „Regional", Band 443

ISBN 978-3-86686-611-9 1. Auflage 2020

Text und Fotos: Christina Talasz
Karten: Dieter Großelohmann
Lektorat: Anna-Lena Ebner
Layout: Alexandra Sauerland

Gesamtherstellung: gutenberg beuys feindruckerei

Dieses OutdoorHandbuch wurde konzipiert und redaktionell erstellt vom:

Conrad Stein Verlag GmbH, Kiefernstr. 6, 59514 Welver,
☎ 023 84/96 39 12, FAX 023 84/96 39 13,
info@conrad-stein-verlag.de,
www.conrad-stein-verlag.de

Besuchen Sie uns bei Facebook & Instagram:

www.facebook.com/outdoorverlag

www.instagram.com/outdoorverlag

Titelfoto: Blick auf das Castro de Baroña, Tour 11

Inhalt

Galicien

Die im Nordwesten Spaniens an der Atlantikküste gelegene Region Galicien ist ein wahrer Geheimtipp für natur- und kulturbegeisterte Wanderer!

Abseits der allseits bekannten Jakobswege gibt es in Galicien sehr viel zu entdecken. Besonders die über 1.500 km lange Küste mit ihren verwinkelten Meeresbuchten (*rías*), schroffen Steilküsten, kilometerlangen einsamen Sandstränden und den dazwischenliegenden malerischen Fischerdörfchen ist an Schönheit nicht zu übertreffen. Die Küste wird in Rías Baixas (Untere Rías), *Rías Medias* (Mittlere Rías) und *Rías Altas* (Obere Rías) eingeteilt. Die *rías* im Süden sind stärker besiedelt und zeichnen sich durch sanftere Landschaften und ruhige Sandstrände aus, während Sie bei den *rías* im Norden kargeres und schrofferes Terrain vorfinden werden.

Die galicische Küste ist aber nicht nur seiner abwechslungsreichen Natur wegen eine Reise wert. Besonders kulturell hat Galicien sehr viel zu bieten. Den Wanderer erwartet eine Tausende Jahre alte Geschichte, wobei sich jedem Reisenden bald zeigt, dass die Steine im Leben der Bewohner dieses Landes stets einen hohen Stellenwert hatten. Bereits im Neolithikum vor über 7.000 Jahren stellten die Menschen Dolmen (Hügelgräber) aus tonnenschweren Felsblöcken auf – diese eindrucksvollen Konstruktionen sind älter als die Pyramiden von Gizeh! Zwei der Exemplare können Sie bei den Wanderungen Nr. 10 und 18 bewundern.

Die über das ganze Land verteilten prähistorischen Felszeichnungen, die sogenannten *petroglifos* (= Petroglyphen), stammen aus der Bronzezeit. Besonders eindrucksvolle Petroglyphen finden Sie auf den Wanderungen Nr. 2, 5, 10 und 12.

Im 7. Jh. v. Chr. herrschte in Galicien die sogenannte „Castrokultur". Auf fast jedem größeren Hügel des Landes finden sich heute noch Reste keltischer Wallburgen, genannt Castros (☞ Wanderung Nr. 1). In den Ausgrabungsstätten Santa Trega (☞ Wanderung Nr. 1), A Cabeciña (☞ Wanderung Nr. 2), Baroña (☞ Wanderung Nr. 11) und Borneiro (☞ Wanderung Nr. 18) können Sie auf den Spuren der Kelten wandeln, die in diesen Castros lebten. Viele Galicier sind im Übrigen auch heute noch fest der Meinung, dass sie vom sagenumwobenen keltischen König Breogán abstammen, der Galicien gegründet haben soll (☞ Wanderung Nr. 18). Sogar in der galicischen Nationalhymne wird das Land als *Nazón de Breogán* (= Volk des Keltenkönigs Breogán) bezeichnet.

Ab dem 1. Jh. n. Chr. wurden die *castreños* von den Römern zurückgedrängt. Die Römer eroberten die Gegend nach und nach und gründeten die Provinz *Gallaecia*, die – wie man dazumal dachte – am Ende der Welt, bei Fisterra, lag.

Nach und nach fand der Katholizismus in die Region Einzug und erreichte durch den Jakobuskult seinen Höhepunkt. Trotz der vielen eindrucksvollen katholischen Kirchen und der nicht abschwächenden Pilgerströme konnte das „Heidnische" in Galicien jedoch nie verdrängt werden. So sieht man üblicherweise auf den Dächern der traditionellen Kornspeicher aus Stein (*hórreos*) auch heute noch auf der einen Seite ein christliches Kreuz, auf der anderen Seite eine keltische pyramiden- oder kegelförmige Figur. Galicien ist außerdem reich an uralten Traditionen und Sagen, denen zwar im Laufe der Jahrhunderte oft ein katholischer Anstrich verpasst wurde, die jedoch auf viel älteren vorchristlichen Bräuchen und Geschichten beruhen. Der Legende nach leben in Galicien *meigas* (Hexen) und *trasnos* (Elfen). Man kann *mouras* (feenähnliche Frauenfiguren mit langen Haaren, ☞ Wanderung Nr. 10) und *mouros* (zwergenhafte Wesen, die unter den Castros hausen und unendliche Reichtümer besitzen, ☞ Wanderung Nr. 2) über den Weg laufen. Und auch die *Santa Campaña*, der Totenzug, ist jedem galicischen Kind ein Begriff (☞ Wanderung Nr. 6). Der Sommerbeginn wird zwar unter dem Namen *Festa de San Xoan* am Johannistag gefeiert, tatsächlich stehen jedoch keltische Bräuche im Vordergrund. Die Galicier sammeln die sieben *herbas de San Xoan* (= Kräuter der Johannisfeier), legen diese über Nacht in Wasser ein, das sie aus sieben Brunnen geholt haben, ein und waschen sich am nächsten Tag damit. Sie springen in der Johannisnacht über hohe Lagerfeuer und Frauen baden sich am Strand der A Lanzada, wenn sie einen Kinderwunsch haben (☞ Wanderung Nr. 7). Auch das keltische Sommerende am 31. Oktober wurde in Galicien unter dem Namen *Samain* schon gefeiert, als das Wort „Halloween" noch gar nicht erfunden war. Das Keltische spiegelt sich auch in der galicischen volkstümlichen Musik wider. Der Dudelsack, die Geige und das Tamburin sind die wesentlichen Instrumente, zu denen oft spontan eine *muñeira* oder eine *jota* (schweißtreibende Gruppentänze, ähnlich den irisch-keltischen Tänzen *reel* oder *jig*) getanzt wird. Ein Fest mit Freunden und Familie wird in Galicien spät abends mit einer *queimada* gefeiert: Während ein alkoholisches Heißgetränk zubereitet wird, spricht man eine schaurige Schwurformel, um die bösen Geister (*mal de ollo*, ☞ Wanderung Nr. 7) zu vertreiben. Anschließend wird das Getränk gemeinsam getrunken.

Das Meer spielt im Leben der Galicier eine herausragende Rolle. Jahrtausendelang war es der wichtigste und gleichzeitig gefährlichste Transport- und Handelsweg, lieferte Nahrung und Dünger für die Felder (☞ Wanderung Nr. 20) und Stoff für zahlreiche Geschichten über zauberhafte Sirenen (☞ Wanderung Nr. 9), hungrige Seeschlangen (☞ Wanderung Nr. 23) und riesige Meeresmonster (☞ Wanderung Nr. 3).

Wie Sie nach dieser kurzen Ausführung zu Galicien nachvollziehen können, wird Galicien nicht ohne Grund *terra meiga*, das verzauberte Land, genannt. Ich lade Sie ein, dieses landschaftlich wunderschöne und kulturell reiche Land am Ende der Welt auf den für dieses Buch speziell ausgewählten 23 Touren an der galicischen Küste zu bewandern, die einzigartige galicische Kultur kennenzulernen und ihre geheimnisvollen Seiten zu entdecken.

Eine unvergessliche, mystische Reise wünscht Ihnen

Dr. Christina Talasz

Reise-Infos

Anreise

Galicien umfasst eine Fläche von fast 30.000 km². Die autonome Region befindet sich im Nordwesten Spaniens und grenzt im Süden an Portugal und im Osten an die Autonomieregionen Asturien und Castilla y León.

Ein gut ausgebautes Netz von Autobahnen und Landstraßen verbindet alle Regionen Galiciens miteinander und mit den angrenzenden Regionen sowie mit Portugal. Die Benutzung der Fahrstraßen ist mit Ausnahme der mautpflichtigen und verhältnismäßig teuren Autobahnen (*autopistas* – AP) kostenlos. An allen Flughäfen und in den größeren Städten gibt es zahlreiche Autovermietungen.

Die Städte Ourense und Santiago de Compostela sind von der Hauptstadt Madrid aus direkt mit dem Zug zu erreichen. Von A Coruña führt eine Zugstrecke über Santiago, Pontevedra bis nach Vigo (Renfe-Operadora, www.renfe.es). Es gibt mehrere Fernbuslinien, die in die größten Städte der Region fahren (z. B. Monbus, www.monbus.es, Alsa Grupo SLU, www.alsa.es, oder Flixbus, www.flixbus.de).

Die Anbindung an den Flughafen Santiago de Compostela aus dem restlichen Europa ist Dank des nicht abflachenden Interesses am Jakobsweg gut – es gibt neben zahlreichen Inlandsflügen auch Direktflüge aus Frankfurt und München, London und Paris. Da sehr viele Galicier in der Schweiz leben, gibt es außerdem Direktflüge aus Zürich, Genf und Basel. Die Flughäfen Vigo und A Coruña bieten hauptsächlich Inlandsflüge an. Auch eine Anreise über O Porto in Portugal ist möglich, von wo mehrmals täglich Flughafenbusse bis nach Vigo bzw. Santiago de Compostela verkehren.

Standort und Untcrkünfte

Wenn Sie ein Fahrzeug mieten, eignet sich die Hauptstadt Santiago de Compostela mit unzähligen Unterkünften als Ausgangspunkt für die Wanderungen Nr. 3-18. Die Anreise zu den jeweiligen Startpunkten mit dem Pkw dauert von Santiago zwischen 45 Min. und 1 Std. 45 Min. Alternativ bieten sich die schönen Städtchen Pontevedra, Muros oder Laxe als Standorte an. Für die etwas weiter entfernten Wanderungen Nr. 1 und 2 sollten Sie z. B. in Vigo, Baiona, Oia oder A Guarda übernachten. Für die Wanderungen Nr. 19-23 im hohen Norden Galiciens suchen Sie am besten eine Unterkunft in Cedeira, Ortigueira oder Viveiro.

Verkehrsmittel

Die Busverbindungen zu den größeren Städten und Touristenzentren sind gut, wobei die Frequenz der Verbindungen geringer ist, als man es in Mitteleuropa gewohnt ist.

Einige der hier vorgestellten Wanderungen sind mit öffentlichen Verkehrsmitteln zu erreichen (Nr. 5, 6, 7, 8, 10, 11, 14, 15, 17, 21). Aktuelle Fahrpläne rufen Sie unter www.monbus.es und www.grupoferrin.com/index.aspx ab. Die schönsten Ecken Galiciens können Sie aber am besten mit dem eigenen Kfz erkunden.

Telefon

Die Vorwahl von Spanien ist +34. Die Telefonnummern in diesem Buch sind ohne Vorwahl angegeben. Rufen Sie mit einem nicht spanischen Telefon an, fügen Sie einfach die Vorwahl dazu.

Klima und Reisezeit

Der Atlantik prägt das Klima in Galicien. Es ist daher zwar recht mild, aber sehr feucht. In Galicien regnet es oft (mit 182 Regentagen im Jahr regnet es in Santiago de Compostela öfter als in London!) und nicht ohne Grund gibt es auf Galicisch 70 verschiedene Wörter für Regen. Generell ist der Niederschlag an der Küste geringer als im Landesinneren. Die schönsten und trockensten Monate zum Wandern in Galicien sind Mai bis Oktober. Im Winter kann es öfter regnen. Unter 💻 www.meteogalicia.gal können Sie die aktuelle Wetterlage abfragen, unter 💻 https://gezeitenfisch.com die Gezeiten. Im Falle von Sturmwarnungen (Gefahrenstufen *naranxa*, orange, oder *vermella*, rot) und bei hohem Wellengang sollten Sie auf das Wandern an der Küste verzichten. Der Atlantik kann sehr gefährlich werden!

Wanderinfrastruktur

Abgesehen vom Jakobsweg ist Galicien nicht unbedingt als Wanderparadies bekannt. Umso besser für Sie! In Galicien haben Sie die Möglichkeit, schroffe Klippen, kilometerweite einsame Sandstrände, naturgeschützte Dünenlandschaften und zahlreiche (prä-)historische Sehenswürdigkeiten abseits großer Touristenströme zu erkunden.

In den letzten Jahren ist das Interesse am Wandersport aber auch in Spanien gestiegen. So gibt es in Galicien derzeit 159 offizielle und mit gelb-weißen Balken markierte Tageswanderwege, die sogenannten *Pequeños Recorridos*, kurz PR-G. Langstreckenwanderungen über 50 km werden *Grandes Recorridos* (GR) genannt. Informationen zu den Wanderungen sowie zu deren Erhaltungszustand finden Sie auf der Homepage 💻 http://fgmontanismo.es/sendeiros. Daneben gibt es von den Kulturabteilungen der verschiedenen Gemeinden instand gehaltene Wanderrouten, die nicht als PR-G erfasst sind. Zum Teil sind diese Wanderungen sehr gut gepflegt und mit vielen Informationsschildern und Lehrpfaden ausgestattet.

Im Laufe der letzten zehn Jahre habe ich für diesen Wanderführer die schönsten Wanderungen an der Küste Galiciens zusammengesucht. Diese verlaufen nur teilweise entlang markierten Wanderrouten.

Galicische Wanderwege sind im Hinblick auf Markierungen und Beschilderungen nicht mit mitteleuropäischen Standards zu vergleichen. Vor allem während Schlechtwetterperioden sind die Wege nicht so musterhaft instand gehalten, wie wir es in Mitteleuropa gewohnt sind. Lassen Sie sich davon aber nicht abschrecken! Halten Sie sich bei den Wanderungen an die detaillierten Beschreibungen und orientieren Sie sich an den Wanderkarten und den GPS-Daten. Mit ein bisschen Abenteuerlust und guter Ausrüstung steht einem schönen Wandererlebnis nichts im Weg!

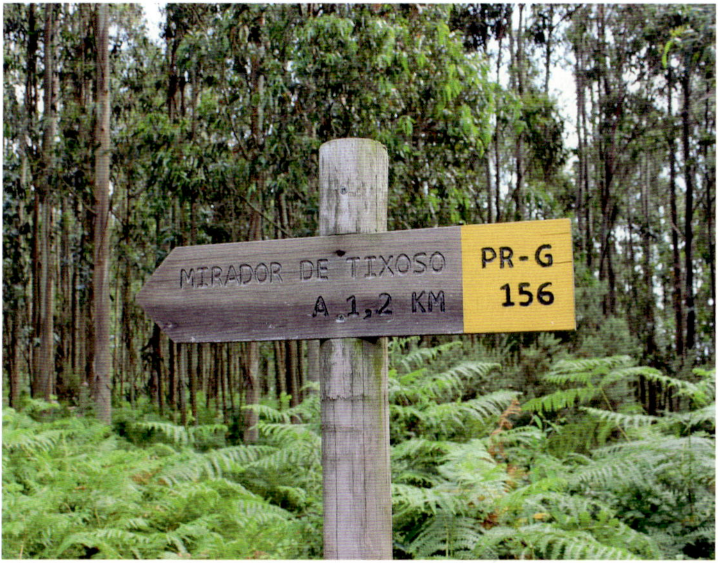

Markierung, Tour 21

Wichtige Wandertipps für Galicien

Ausrüstung für einen Wanderurlaub in Galicien

Achten Sie auch bei den leichten Wanderungen stets auf gutes Schuhwerk. Bei Regen können die Wege rutschig werden. Da an der Küste Galiciens das Wetter sehr schnell umschlagen kann, sollten Sie auf jeder Wanderung einen langen Regenponcho und einen Regenschirm mitnehmen.

In Galicien ist es bei jedem Wetter ratsam, mit langen Hosen zu wandern – auf fast jeder Wanderung wird Ihnen der Stechginster begegnen, der seinem Namen alle Ehre macht und mit seinen messerscharfen Dornen Verletzungen verursachen kann. Auch stachelige Brombeersträucher ranken an jedem Wegesrand.

In Spanien hat sich das „Hütten"-Prinzip nicht richtig durchgesetzt. Selbst offizielle Wanderungen führen selten an speziellen Gasthäusern für Wanderer vorbei. Aber keine Sorge: Spanien ist das Land mit den meisten Bars und Cafés pro Einwohner der Welt! In den meisten Lokalen gibt es auch kleine Gerichte und Sie können *bocatas* (belegte Brote) zum Mitnehmen bestellen. Mittagessen wird nur zwischen 14:00-16:30, Abendessen frühestens ab 20:00 serviert. In Galicien erhalten Sie in fast jeder Bar zu einem Getränk kostenlose Tapas dazu!

Regeln und Tipps

Die meisten prähistorischen Sehenswürdigkeiten können in Galicien kostenlos besichtigt werden. Bitte beachten Sie aber, dass alle Dolmen, Castros und Petroglyphen unter Denkmalschutz stehen. Damit die jahrtausendealten Denkmäler noch lange erhalten bleiben, gehen Sie achtsam damit um. Steigen Sie also bitte nicht auf die Ovalbauten in den Castros, versetzen Sie keine Steine und machen Sie keine Steinmännchen (auch wenn dies z. B. im Castro de Baroña, ☞ Wanderung Nr. 11, immer wieder vorkommt und auf den ersten Blick schön aussehen mag) – Sie verstoßen damit gegen den Denkmalschutz und begehen eine Verwaltungsübertretung, die mit saftigen Geldstrafen geahndet wird.

Petroglyphen lassen sich am besten in den Morgen- und Abendstunden oder nach einem Regenguss erkennen. Nehmen Sie an sonnigen Tagen eine Flasche Wasser mit und schütten Sie diese über die Felszeichnungen. Keinesfalls sollten Sie auf die Petroglyphen steigen oder diese mit Kreide nachmalen (ein Trend, der in den letzten Jahren immer wieder beobachtet wurde), da die Zeichnungen dadurch Schaden nehmen.

Viele der Wanderungen führen durch Naturschutzgebiete. Bleiben Sie auf den Wegen. Es ist verboten, die Holzstege in Dünenlandschaften zu verlassen. Durch das Betreten der Dünen werden die fragilen Ökosysteme zerstört. Bitte nehmen Sie auch vom „Dünen-Boarding" Abstand.

Jagdgebiete und Wildtiere

In Galicien ist zwischen Mitte Oktober und Mitte Januar Jagdsaison. Das Jagen ist nur in dieser Zeit und nur an Donnerstagen, Sonn- und Feiertagen erlaubt. Die konkreten Jagdgebiete, gekennzeichnet mit *caza* oder *t.e.c.o.r. (terreno cinegéticamente ordenado)*, werden jedes Jahr festgelegt. Selbstverständlich wird dabei auf Wander- und Forstwege Rücksicht genommen und das Schießen in der Nähe oder in Richtung von Wander- und Forstwegen ist verboten. Die meisten Wanderungen dieses Buches verlaufen entlang der Küste, wo das Jagen ohnehin oft gesetzlich verboten ist. Falls Sie dennoch durch ein Jagdgebiet kommen, seien Sie vorsichtig.

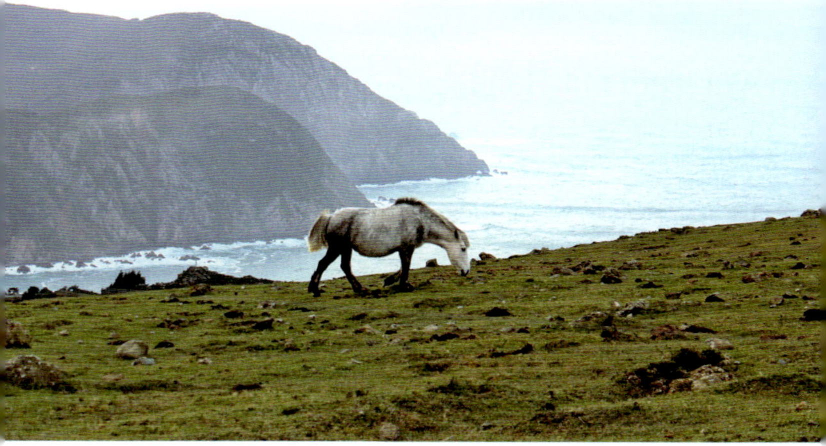

Machen Sie um Wildpferde lieber einen Bogen, Tour 19

Bei Ihren Wanderungen werden Sie Wildpferden und nicht eingezäunten Kuh- und Ziegenherden begegnen. Machen Sie um die Tiere einen großen Bogen, vor allem wenn junge Tiere dabei sind.

Öffnungszeiten

Für alle Bars und Restaurants gilt, dass die Öffnungszeiten oft variabel sind. Sie können von Jahr zu Jahr unterschiedlich sein und an manchen Tagen kann mal länger oder weniger lang geöffnet sein.

Wandern mit Kind und Buggy

Alle Wanderungen sind auch für Kinder geeignet. Die Altersangaben bei den Wanderungen dienen nur der Orientierung. Sie wissen selbst am besten, welche Distanzen Sie Ihren Kindern zutrauen können. Alle der vorgestellten Wanderungen sind für die ganze Familie reizvoll: Sie können mit Ihren Kindern keltische Siedlungen erkunden, Felszeichnungen suchen, Badestopps einplanen, Museen besichtigen und ihnen spannende Sagen erzählen.

Mit einem geländetauglichen Buggy lassen sich die Wanderungen Nr. 6, 9, 12, 16 und 23 bewältigen. Bei den Wanderungen Nr. 1, 2, 4, 5, 7, 8, 10, 12, 13, 18 und 22 können Sie zwar nicht die gesamte Strecke, aber ausgewählte Teilstrecken mit dem Kinderwagen bewandern. Die Alternativrouten werden in den jeweiligen Wanderungen genau beschrieben.

Wandern mit Hund

Ihr Hund kann Sie auf fast alle Wanderungen begleiten. Nur in die Nationalparks bzw. Naturparks (Wanderung Nr. 6, 9) dürfen Sie Ihren Hund nicht mitnehmen. Badestrände dürfen mit Hunden untertags nicht betreten werden. In Galicien sind die diesbezüglichen Vorschriften aber von Gemeinde zu Gemeinde verschieden. Meist gilt an Badestränden ein Hundeverbot von 9:00-21:00. Müssen Sie auf einer Wanderung ein Stück entlang eines Strandes wandern, leinen Sie Ihren Hund an und gehen Sie möglichst am Rand des Strandes bzw. an der Strandpromenade entlang. Nehmen Sie auf jede Wanderung genügend Wasser, Kotsäckchen und eine Leine mit. Lassen Sie Ihren Hund in den markierten Jagdgebieten nicht frei laufen. Leinen Sie Ihren Hund auch an, wenn Sie Wildpferden oder Kühen über den Weg laufen (z. B. bei den Wanderungen Nr. 2, 14, 19).

Karten und GPS

Auf der Website des Centro Nacional de Información Geográfica – CNIG (Zentrum für geografische Informationssysteme) können offizielle topografische Karten im Online-Shop erworben werden (💻 www.cnig.es/home). Alternativ können Sie die meisten Karten auch über 💻 www.mapfox.de bestellen.

Für die beschriebenen Wanderregionen benötigen Sie folgende Blätter im Maßstab 1:25.000: 298-4 A Guarda (Wanderung Nr. 1), 260-4 Oia (Wanderung Nr. 2), 223-1/222-2 Cangas (Wanderung Nr. 3), 185-3 Marín (Wanderungen Nr. 4, 5), 184-4 A Illa de Ons (Wanderung Nr. 6), 184-2 O Grove (Wanderungen Nr. 7, 8), 151-4 Ribeira (Wanderungen Nr. 9, 10), 119-3 Tarrío (Wanderungen Nr. 11, 13), 119-4 Porto do Son (Wanderung Nr. 11), 119-1 Muros (Wanderung Nr. 12), 93-3 O Pindo (Wanderung Nr. 14), 92-4 Fisterra (Wanderung Nr. 15), 67-2 Muxía (Wanderung Nr. 16), 43-4 Laxe (Wanderungen Nr. 17, 18), 1-4 Cariño (Wanderung Nr. 19), 2-3 Ortigueira und 2-2 Estaca de Bares (Wanderung Nr. 20), 2-4 Celeiro (Wanderungen Nr. 21, 22), 3-3 San Cibrao (Wanderung Nr. 23).

Wenn Sie sich mit dem Maßstab von 1:50.000 zufriedengeben, benötigen Sie folgende Karten: 298/299 Tomiño (Wanderungen Nr. 1, 2), 222/223 Vigo (Wanderung Nr. 3), 185 Pontevedra (Wanderungen Nr. 4, 5), 184 O Grove (Wanderungen Nr. 6, 7, 8), 151 Ribeira (Wanderungen Nr. 9, 10), 119 Noia (Wanderungen Nr. 11, 12, 13), 92 Fisterra (Wanderungen Nr. 14, 15), 43 Laxe (Wanderungen Nr. 16, 17, 18), 1 Cariño (Wanderung Nr. 19), 2 Cedeira (Wanderung Nr. 20, 21, 22), 9 Foz (Wanderung Nr. 23).

☺ Leider verlaufen manche Wanderungen über mehrere Blätter im Maßstab 1:25.000. Die Karten mit dem Maßstab 1:50.000 sind zum Wandern hingegen nur bedingt ausreichend. Empfehlenswert ist es daher, sich die Handy-App „Mapas de España" des CNIG auf das Handy zu laden.

☺ Die Kartenempfehlungen wurden von der Geobuchhandlung Kiel überprüft. 💻 www.geobuchhandlung.de

☺ Viele/Einige der in diesem Führer beschriebenen Wanderwege laufen durch mehr oder weniger flaches Gelände ohne nennenswerte Höhenunterschiede. In diesen Fällen wurde auf die Darstellung eines Höhenprofils verzichtet.

Die GPS-Tracks zu den in diesem Führer beschriebenen Touren können Sie außerdem auf der Internetseite des Verlages herunterladen:
💻 www.conrad-stein-verlag.de.

☺ Die Start- und Zielkoordinaten einer jeden Wanderung in diesem Führer sind im Format „Grad, Dezimalminuten" angegeben (z. B. GPS N 41°53.921' W 008°52.475'). Die Koordinaten können z. B. auf der Website 💻 https://rechneronline.de/geo-koordinaten/#umrechnung in die Formate „Grad, Minuten, Sekunden" oder „Dezimalgrad" umgerechnet werden.

📖 **GPS** *Grundlagen · Tourenplanung · Navigation* von Michael Hennemann, Conrad Stein Verlag, Basiswissen für draußen, ISBN 978-3-86686-495-5, € 9,90

Updates

Der Conrad Stein Verlag veröffentlicht Updates zu diesem Wanderführer, die direkt von der Autorin oder von Lesern des Buches stammen. Sie finden diese auf der Verlagshomepage 💻 www.conrad-stein-verlag.de. Der rechts abgebildete QR-Code führt Sie direkt dorthin.

Rías Baixas

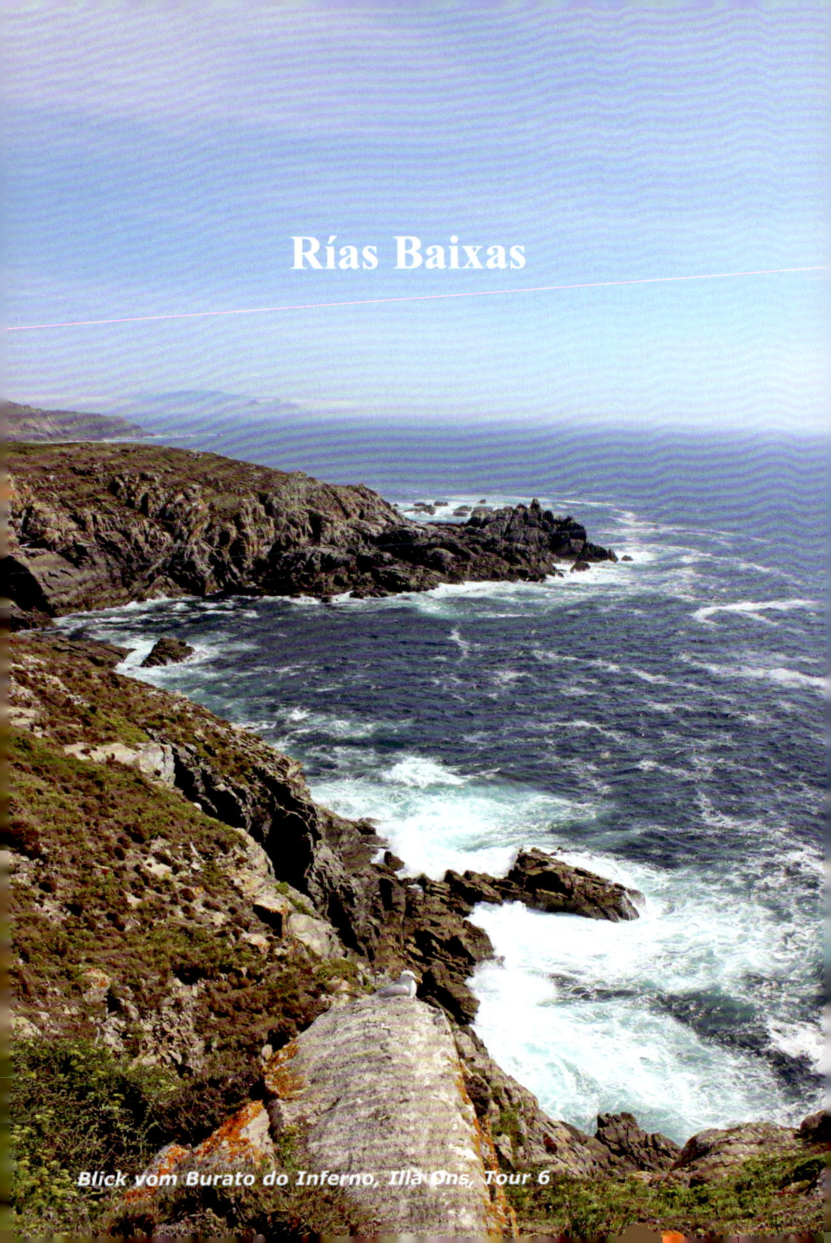

Blick vom Burato do Inferno, Illa Ons, Tour 6

1 Zwischen A Guarda und dem Río Miño

Tour für Familien und Freunde weiter Aussichten

Sie wandern vom Hafenstädtchen A Guarda hinauf zur Keltenburg Castro Santa Trega auf dem Aussichtsberg Monte Santa Trega. Nach einem Besuch der imposanten Ausgrabungsstätte steigen Sie zur Mündung des Río Miño ab, der die Grenze zu Portugal bildet. Zunächst sehr abwechslungsreich am Ufer des breiten Flusses und dann an der wilden Atlantikküste entlang führt der Weg wieder zurück zum Ausgangspunkt.

Start/Ziel: Parkplatz in der Calle O Porto beim Hafen in A Guarda, GPS N 41°53.921' W 008°52.475'

11,6 km

ca. 3 Std. 30 Min.

584 m/584 m

0-346 m

unterschiedliche Markierungen (im Text näher beschrieben), abschnittsweise nicht markiert

Sie wandern über schmale und breite, unbefestigte und asphaltierte Wege, teilweise steile Waldwege, Holzstege und kopfsteingepflasterte, flache Spazierwege.

Café im Hotel Convento de San Benito (km 0,1), Cafetería/Restaurante Mar y Cielo (km 3,3), Restaurante Pazo Santa Tecla (km 3,4), weitere Einkehrmöglichkeiten in A Guarda

viele Rastplätze mit wunderschöner Aussicht, Picknicktische und Sitzbänke entlang des Weges, besonders schön bei km 1,7 und 8,3

WC öffentliche Toiletten bei km 3,4 auf dem Monte Santa Trega

Praia A Armona (km 6,5), Praia O Muiño (km 7), Praia de Camposancos (km 8)

Auf der Wanderung gibt es für wanderbegeisterte Kinder jeden Alters sehr viel zu entdecken: ein keltisches Castro, ein kleines archäologisches Museum und schöne, flache Sandstrände. Machen Sie ein Picknick bei einem der Rastplätze und genießen Sie die traumhafte Aussicht.

Die gesamte Tour ist nicht für den Kinderwagen geeignet, Sie können die Wanderung mit dem Buggy aber rückwärts begehen und auf flachen Wegen vom Ausgangspunkt bis zum Rastplatz Praia A Armona spazieren (hin und retour ca. 10 km). Anschließend können Sie mit dem Auto auf den Berg Santa Trega fahren (Maut € 1) und dem Castro einen Besuch abstatten.

Die Wanderung ist optimal für Ihren Hund geeignet.

Parkmöglichkeiten beim Ausgangspunkt an der Calle O Porto; weitere Parkmöglichkeiten beim Hafen von A Guarda (GPS N 41°53.922' W 008°52.666')

Stellen Sie Ihr Fahrzeug in der Calle O Porto beim Hafen in A Guarda ab. Zunächst wandern Sie Richtung Norden und folgen der beschilderten Straße Calle Concepción Arenal (auch Rúa Concepción Arenal) bergauf am ehemaligen Kloster **Convento de San Benito** vorbei.

Café Benedictus mit Pianobar beim Hotel Convento de San Benito, Rúa Concepción Arenal 5, 36780 A Guarda, ☎ 986 611 166, correo@hotelsanbenito.es, www.hotelsanbenito.es, Kreuzgang und Kapelle können besichtigt werden, Do-So 17:00-22:00, So zusätzlich 11:00-15:00

Das Benediktinerinnenkloster wurde im 16. Jh. von den Geschwistern der Adelsfamilie Ozores de Sotomayor gegründet. Ende des 20. Jh. funktionierte man das alte Gebäude in ein sehr hübsches Hotel um. Selbst wenn Sie nicht im Hotel übernachten, sollten Sie einen Blick in den schönen Aufenthaltsraum und den Kreuzgang wagen. Besuchen Sie auch die alte Kapelle.

Folgen Sie der Straße bergauf bis zur Praza Avelino Vicente. Biegen Sie hier bei km 0,6 nach rechts ab. Nach einigen Metern führt eine Treppe hinauf in den Wald.

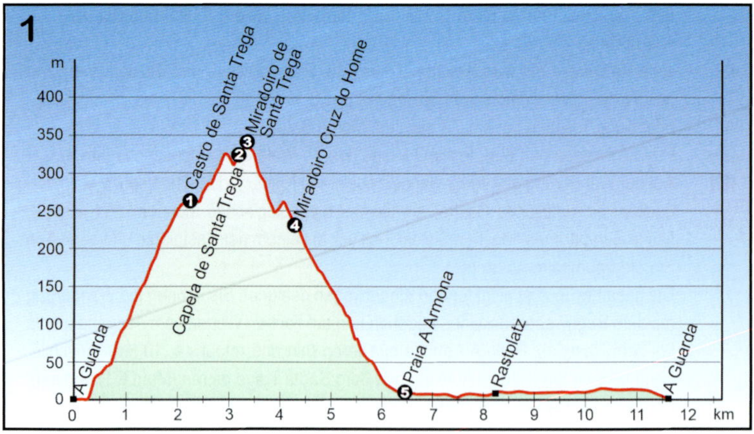

✎ Hier beginnt die mit weiß-gelben Balken markierte Wanderroute PR-G 122. Wie Sie den Informationsschildern entlang der Wanderroute entnehmen können, gibt es von der Route PR-G 122 mehrere Varianten. Sie wandern zunächst entlang der Variante 122.2.

Nach etwa 150 m biegen Sie bei der ersten Möglichkeit (km 0,9) rechts auf einen steilen Wiesenweg ab.

☝ Diese Abzweigung ist nicht markiert!

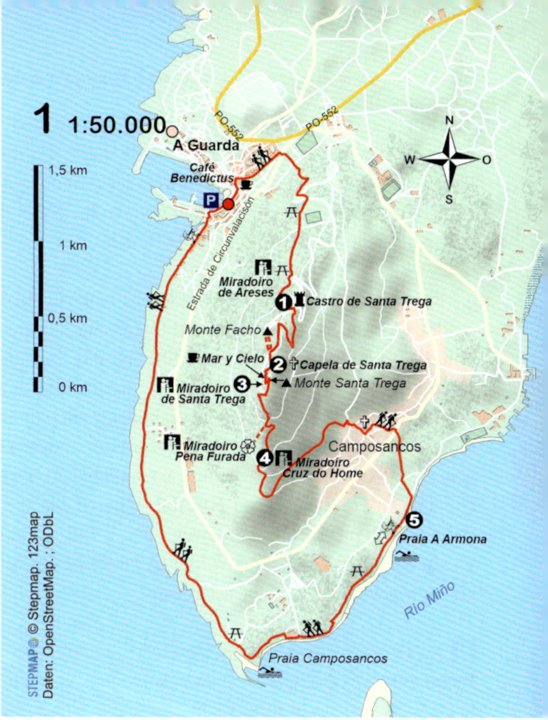

Bald tauchen die Markierungen wieder auf. Folgen Sie diesen stets bergauf, wobei die Fahrstraße zweimal zu queren ist. Sie passieren einen Rastplatz mit Picknicktischen und gelangen schließlich zum Aussichtspunkt Miradoiro de Areses. Folgen Sie kurz dem breiten, markierten Hauptweg PR-G 122 weiter bergauf. Sie verlassen die Hauptroute PR-G 122 bei einem Wegweiser mit der Aufschrift „Citania", der Sie über ein paar Treppen hinauf zur Ausgrabungsstätte Castro de Santa Trega ❶ führt.

Castros (Wallburgen) in Galicien

Castros, Festungs- oder Wallanlagen aus vorrömischer Zeit, sind die ältesten noch erhaltenen Steinkonstruktionen in der Geschichte Galiciens, die nicht primär der Religion und dem Totenkult dienen. Galicien, aber auch Asturien, León und die nördlich des Flusses Duero gelegenen Gebiete Portugals – also die ganze römische Provinz *Gallaecia* – sind reich an diesen meist von den Kelten besiedelten Castros. Man schätzt die Zahl der Castros im heutigen Galicien auf ca.

3.000. Einige davon sind bereits ausgegraben und können besichtigt werden, während die überwiegende Zahl noch unter der Erde liegt. Historiker gehen davon aus, dass viele der Castros in Galicien noch gänzlich unentdeckt sind. Sie wurden von den Kelten in der Zeit vom 6. Jh. v. Chr. bis zum 6. Jh. n. Chr., also während mehr als 1.000 Jahren, besiedelt.

Bei km 2,2 befinden sich eine Replik einer Castrohütte und ein Informationsschild. Queren Sie die Straße und folgen Sie nun der Variante PR-G 122.1, die unterhalb einer auf der anderen Straßenseite befindlichen Castrohütte beginnt. Nach etwa 40 m biegt der Weg (✋ unscheinbar markiert) nach rechts ab und führt flach oberhalb weiterer Ausgrabungen mit wunderbarem Blick auf die Flussmündung des Río Miño und Portugal auf der anderen Flussseite nach Süden. Biegen Sie bei der ersten Möglichkeit nach rechts ab. Der Weg führt steil hinauf zum ehemaligen Forsthaus **Casa Forestal**. Queren Sie die Fahrstraße und folgen Sie nun dem gepflasterten **Kreuzweg**, der 1930 vom spanischen Bildhauer Julio Vicent Mengual geschaffen wurde. Detailreiche Bronzetafeln in prächtigen Steinkreuzen zeigen den Leidensweg Jesus.

Rechter Hand führen Sie steile Steintreppen auf den Gipfel des **Monte Facho** mit zwei großen rot-weißen Antennen. Machen Sie einen kurzen Abstecher hinauf – die Aussicht lohnt sich!

Nach dem Abstecher auf den Monte Facho queren Sie erneut die Straße und folgen dem Kreuzweg weiter über einige Stufen hinauf bis zur ✞ **Capela de Santa Trega ❷**.

Die Legende der heiligen Thekla

Im Jahr 1335, als das Land von einer nicht enden wollenden Dürre geplagt war, erschien die heilige Thekla (auf Galicisch *Santa Trega*) einer Schäferin, die in der Höhle hinter der heutigen Kapelle übernachtete. Das Mädchen bat die Heilige um Regen und versprach, im Gegenzug eine große Prozession zu ihren Ehren zu organisieren. Die Schäferin berichtete im Tal von der Erscheinung und die verzweifelten Menschen stiegen auf den Berg und beteten und fasteten drei Tage lang. Am dritten Tag wurde ihr Wunsch erhört und die heilige Thekla ließ es endlich regnen. Die Prozession wird seither jedes Jahr am letzten Samstag im August in der zu Ehren der heiligen Thekla errichteten Kapelle gefeiert.

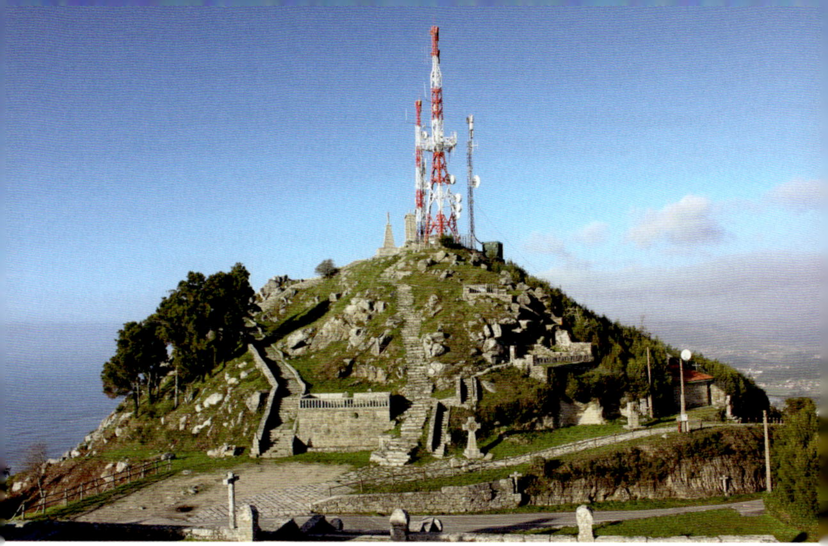

Stufen auf den Monte Facho, rechts Kreuzgang

Durchqueren Sie den Komplex (die Höhle, in welcher die heilige Thekla erschienen sein soll, befindet sich gleich hinter der Kapelle) und steigen Sie weiter hinauf, vorbei am Café Mar y Cielo und zum höchsten Punkt der Wanderung, dem Aussichtspunkt **Miradoiro de Santa Trega ❸**.

✕ ☕ Cafetería/Restaurante Mar y Cielo, Monte de Santa Trega s/n, 36788 A Guarda, ☏ 986 611 164, restaurantemarycielo.com, täglich 9:00-24:00

Treppen führen hinunter zum kleinen archäologischen Museum.

⌘ Museo Arqueolóxico de Santa Trega (Masat), ☏ 690 017 038, masat@aguarda.es, museos.xunta.gal/en/masat, Di-So 11:00-17:00 (Winter), 10:00-20:00 (Sommer), ☺ Eintritt gratis!

Steigen Sie hinunter zur Fahrstraße und gehen Sie am Hotel Pazo Santa Tecla vorbei Richtung Süden.

✕ Hotel/Restaurante/Bar Pazo Santa Tecla, Monte de Santa Trega s/n, 36788 A Guarda, ☏ 986 610 002, nach Angaben der Betreiber täglich „bei Hotelbetrieb" geöffnet

Beim Busparkplatz (km 3,5) beginnt die Wanderroutenvariante PR-G 122.5, der Sie nun folgen. Hinter einer schwarzen Laterne führt der Wanderweg über steile Holztreppen und schmale Pfade bergab. Bei einer ersten Wegkreuzung gehen Sie geradeaus weiter.

Ein paar Meter weiter (km 3,8) führt ein schmaler Weg (ohne Beschilderung) nach rechts zum **Miradoiro Pena Furada** ab. Der kurze Abstecher zu dem Lochstein ist lohnenswert. Anschließend kehren Sie wieder zurück und folgen weiter dem Hauptweg.

Bald gelangen Sie zu einem weiteren Aussichtspunkt, dem **Miradoiro Cruz do Home ❹**. Etwas unterhalb des Aussichtspunkts befindet sich auf einem breiten Querweg ein Wegweiser. Folgen Sie diesem in Richtung „Camposancos“. Hinter einer steinernen Sitzbank führt der Wanderweg rechts bergab. Sie wandern nun immer geradeaus, vorbei am **Miradoiro de Outeiro** und weiter durch den Wald bis zum Örtchen **Camposancos**. Bei einem Informationsschild zu den Wanderwegen in der Umgebung endet die markierte Wanderroute PR-G 122. Wandern Sie rechts hinunter zum Gemeindeamt (Entidade Local Menor). Sie gehen links daran vorbei, biegen links, dann gleich rechts ab und gehen hinunter zur **Igrexa A Visitación de Santa Maria**.

Miradoiro Cruz do Home

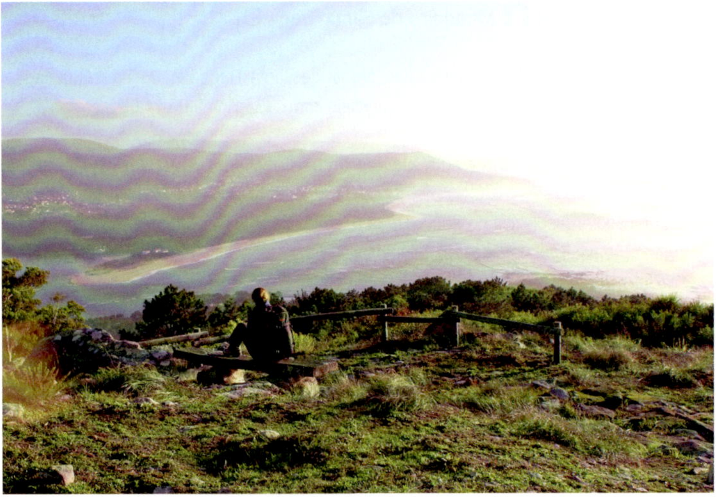

Die Dorfkirche stammt aus dem 19. Jh. und wurde über einer alten Einsiedelei, die dem heiligen Amarus geweiht war, errichtet. Unschönes Detail: Auf der Fassade links neben dem Eingang erkennt man ein verblasstes frankistisches Kreuz, das bis heute nicht entfernt wurde. Angesichts der Tatsache, dass sich in Camposancos hinter dem etwas weiter nördlich liegenden Hafen von 1938 bis 1941 eines der größten Konzentrationslager der Franco-Diktatur befand, bleibt ein fahler Nachgeschmack.

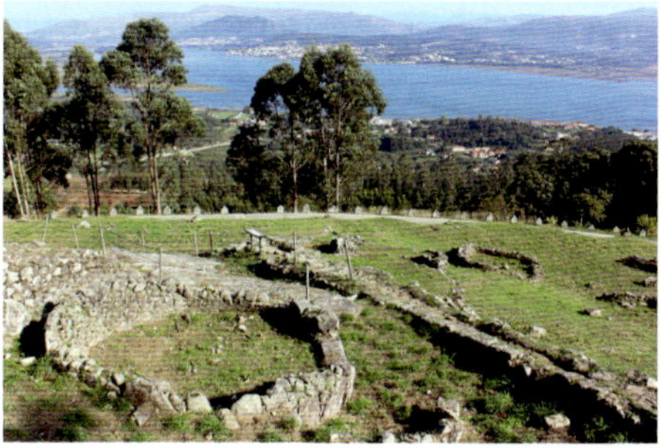

Blick vom Castro de Santa Trega auf den Río Miño

Biegen Sie gleich unterhalb der Kirche links ab und folgen Sie den Dorfsträßchen immer bergab. Queren Sie die Hauptstraße (✋ kein Fußgängerübergang!) und gehen Sie auf der gegenüberliegenden schmalen Straße weiter. Diese mündet in einen unbefestigten Feldweg, der zur Calle Pedra do Porto führt.

Ab hier folgen Sie der mit weiß-gelben Balken markierten Wanderroute PR-G 160. Schlagen Sie den Feldweg Richtung Südwesten ein und gehen Sie hinunter zum Ufer des Río Miño. Folgen Sie den Schildern Richtung Corbeira nach rechts. Sie wandern nun immer am Ufer entlang abwechselnd auf gepflasterten Spazierwegen, sandigen Pfaden und Holzstegen.

Beim Strand **Praia A Armona** ❺ passieren Sie einen schönen Rastplatz mit Picknicktischen. Bald gelangen Sie in einen Pinienwald. Bei der Weggabelung bei km 6,9 halten Sie sich links nahe dem Ufer und gehen bis zum Strand **Praia O Muiño**. Hier beginnt die Wanderroute Senda Litoral Playa O Muiño. Sie wandern hinter der **Praia Camposancos** auf hölzernen Stegen an einer Meerwassersaline vorbei zu einem Rastplatz mit Picknicktischen.

Der Weg führt nun an der wilden, erodierten Atlantikküste entlang Richtung Norden. Sie passieren ein großes, rechts gelegenes Wildschweingehege.

Rechts und links des Weges befinden sich immer wieder Sitzbänke.

Gehen Sie geradeaus zurück zum Ausgangspunkt.

❷ Magische Rundwanderung bei Mougás

Für archäologisch Interessierte und Liebhaber von Wassergumpen

Auf der hier vorgestellten Rundwanderung können Sie einige der archäologischen und landschaftlichen Highlights der bekannten Ruta Máxica de Oia (= Magische Route von Oia), die vom Ort Oia bis zum Campingplatz O Muiño führt, besuchen: nämlich das Castro de Cabeciña mit den spiralförmigen Petroglyphen, die wunderschönen Wasserbecken As Pozas und den Wasserfall des Río de Mougás. Anschließend wandern Sie durch das Dorf Mougás und entlang der Nebenroute des Jakobsweges direkt am Ufer des Atlantiks zurück zum Ausgangspunkt.

Start/Ziel: Parkplatz vor dem Campingplatz O Muiño (an der PO-552 zwischen Oia und A Guarda, km 26), GPS N 42°03.809' W 008°53.471'

12,1 km

ca. 3 Std.

424 m/424 m

0-209 m

Die Wanderung führt zunächst entlang der beschilderten Ruta Máxica de Oia. Ab km 8 ist die Wanderung nicht mehr beschildert. Die letzten Kilometer führen entlang des gut markierten Camiño Portugués zurück zum Ausgangspunkt.

Abwechslungsreiche, breite und schmale unbefestigte Wanderwege durch den Wald. Ab Mougás wandern Sie über schmale, asphaltierte und kaum befahrene Dorfsträßchen.

In den Sommermonaten können Sie im Restaurant beim Campingplatz O Muiño am Start/Ziel einkehren. Manchmal ist auch die Bar im Kulturzentrum in Mougás (km 9,4) geöffnet.

Picknicktische bei km 5,6, Rastmöglichkeit beim Kinderspielplatz in Mougás (km 9,3)

Auf dem Campingplatz O Muiño am Start/Ziel gibt es einen kleinen Supermarkt.

Bademöglichkeit bei den Gumpen As Pozas (km 5,9), Praia Mougás (km 10,4), kleiner Badestrand beim Campingplatz O Muiño (km 12)

Die Wanderung ist für Kinder ab sieben Jahren geeignet. Wer findet die Petroglyphen im Castro de Cabeciña und bei den Pedra Lan als Erstes? Wer Glück hat, läuft dabei einem *mouro* über den Weg! Ein besonderes Highlight für Kinder sind auch die Wasserbecken As Pozas des Río de Mougás – nehmen Sie Badesachen mit! Zweimal müssen Sie die Hauptstraße queren!

Die Wanderung ist für den Kinderwagen zu anspruchsvoll. Mit einem geländetauglichen Kinderwagen können Sie aber auf dem etwas unebenen, aber breiten Wanderweg bis zu den Gumpen As Pozas wandern (hin und retour ca. 12 km).

Der Weg ist für Hunde gut geeignet. Es gibt immer wieder Trinkmöglichkeiten.

P Parkmöglichkeit beim Ausgangspunkt

Stellen Sie Ihr Fahrzeug beim Parkplatz vor dem Campingplatz O Muiño ab und queren Sie die Landstraße PO-552 vorsichtig. Bei einem Informationsschild zur Ruta Máxica de Oia auf der anderen Straßenseite führt eine schmale Asphaltstraße bergauf an einigen Häusern vorbei. Nach einer scharfen Linkskurve mündet die Straße bald in einen unbefestigten Waldweg.

Bei der ersten **Abzweigung** (km 1) biegen Sie nach rechts ab. Bei der nächsten **Weggabelung** (km 1,5) schlagen Sie den rechten Weg ein und folgen dem Schild Richtung „A Cabeciña". Bald gelangen Sie zur Ausgrabungsstätte **Castro de Cabeciña ❶**. Beim Eingang befindet sich neben der Replik einer Castrohütte ein Informationsschild zum Castro (☞ Wanderung Nr. 1). Ein schmaler Pfad führt an der ehemaligen Burgmauer hinauf zum Castro mit spektakulärer Aussicht auf die Atlantikküste.

Spektakuläre Aussicht am Castro

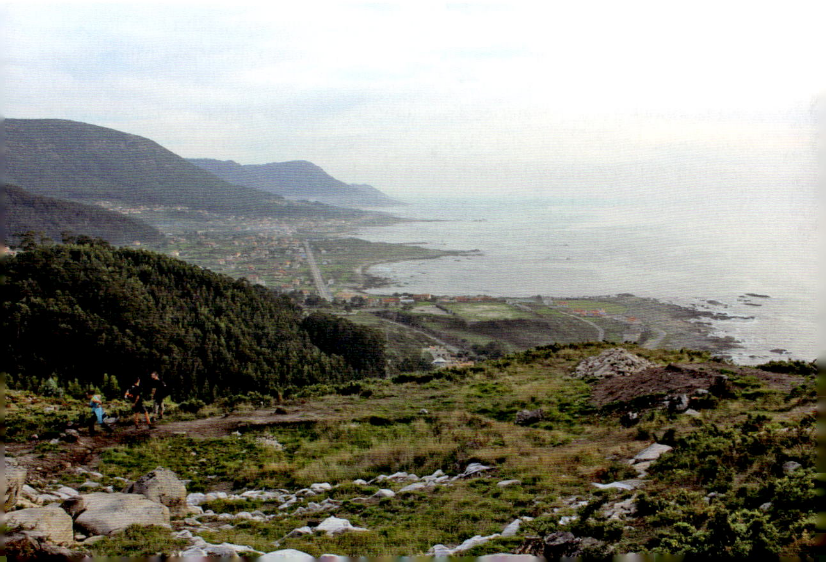

Beim Castro de Cabeciña handelt es sich um die wichtigste archäologische Ausgrabungsstätte der Gegend von Oia, wenn auch die Ausgrabungsstätte selbst im Vergleich zum Castro Santa Trega unscheinbar wirkt. Der Schein trügt jedoch! Die Keltenburg stammt aus der Bronzezeit. Die einst imposante Castromauer war 10-15 m hoch und umschloss eine Fläche von 5.500 m^2. Im Inneren befanden sich weitere bis zu 60 m hohe Böschungsmauern. Im Rahmen der Ausgrabungen wurden Keramikreste und mehrere Mühlen gefunden.

Das Volk der *mouros*

Der Legende nach wurde Galicien vor vielen Jahrhunderten von dem mysteriösen Volk der *mouros* besiedelt. Die *mouros* sind fast ausgestorben, aber ein paar der seltsamen Geschöpfe sollen auch heute noch in versteckten unterirdischen Höhlen in den Castros hausen, wo sie unvorstellbare Reichtümer hüten. Die *mouros* zeigen sich den Menschen selten und wenn, dann nur, um mit ihnen zu handeln. Man erzählt sich, dass ein armer Bauer eines Morgens an einem Castro vorbeispazierte, als plötzlich vor ihm ein *mouro* auftauchte. Dieser bat ihn, täglich etwas Wein beim Castro abzustellen. Im Gegenzug würde der mouro jeden Tag ein Goldstück hinterlegen. Gleichzeitig nahm der *mouro* dem Bauern das Versprechen ab, mit niemandem über den Handel zu sprechen, sonst würde die Geschäftsbeziehung sofort abgebrochen werden. Eine Zeit lang hielt sich der Bauer an das Versprechen, verriet niemandem, woher sein wachsender Reichtum kam, brachte jeden Morgen eine Karaffe Wein in das Castro und wurde immer reicher.

Da jedoch seine neugierige Frau unbedingt wissen wollte, woher die vielen Goldstücke kamen, gab der Bauer eines Nachts nach und erzählte ihr vom Geschäft mit dem *mouro*. Damit hatte der Bauer aber gegen sein Versprechen verstoßen! Am nächsten Tag fand der Bauer im Castro kein Goldstück. Der *mouro* hatte ihm jedoch eine Nachricht hinterlassen, auf der stand: „Zu viel gefaselt, jetzt hast du es vermasselt!"

⌘ Auf dem Gelände befinden sich auch eindrucksvolle **Petroglyphen, Schalen- und Lochsteine**. Ca. 25 m westlich des Informationsschildes finden Sie zahlreiche Schalensteine. Besonders eindrucksvoll sind die spiral- und kreisförmigen Felszeichnungen auf großen Steinplatten südwestlich des Informationsschildes in unmittelbarer Nähe eines auffälligen Lochsteins, der Archäologen zufolge von Menschenhand auf die Steinplatten versetzt wurde.

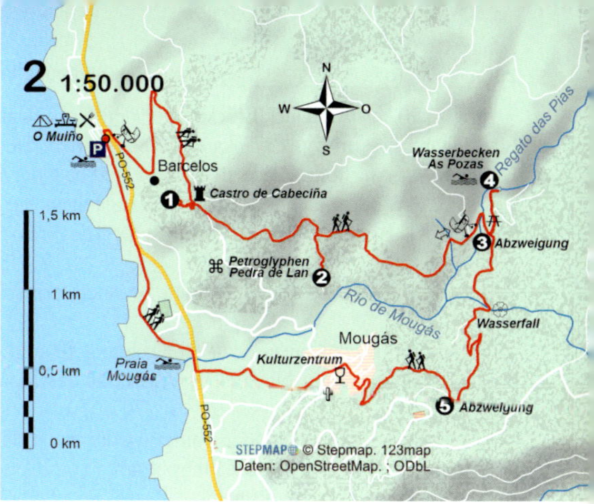

☺ Die Steinritzungen sind nicht markiert, orientieren Sie sich daher zusätzlich an der Wanderkarte und den GPS-Daten.

Nach einer Besichtigung des Castros und der Petroglyphen folgen Sie dem breiten, flachen Waldweg durch den Eukalyptuswald weiter Richtung Südosten und schlagen bei der nächsten **Weggabelung** (km 2,3) den linken Weg ein, der Beschilderung Richtung „Pedra Lan" folgend.

Bei km 3,3 machen Sie einen kurzen Abstecher zu den ⌘ **Petroglyphen Pedra Lan ❷**. Hierfür verlassen Sie den breiten Weg und folgen den Wegweisern bergab. Ein steiler Weg führt Sie zu den etwa 40 Hm niedriger gelegenen Steinritzungen. Die Zeichnungen sind im Gebüsch nicht leicht zu finden!

Nach dem kurzen Abstecher gehen Sie, wieder an der **Weggabelung**, weiter auf dem breiten Waldweg Richtung Osten. Bei der nächsten Weggabelung (km 4,3) folgen Sie den Schildern „As Pozas, 1,6 km" und schlagen den linken Weg ein, der bergauf führt.

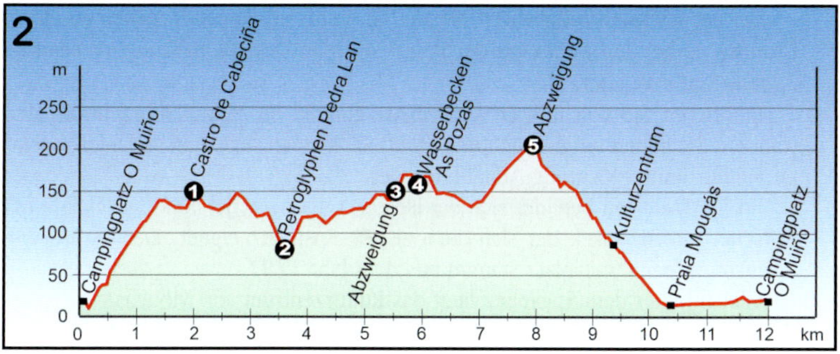

Etwa 150 m nach einer **Brücke** über den Fluss **Regato das Pías** biegt bei der **Abzweigung bei km 5,6** ❸ links ein Weg ab, dem Sie bergauf folgen (✋ diese Abzweigung ist nicht beschildert!). Linker Hand befindet sich ein schattiger ⩩ Picknickplatz. Am oberen Ende des Rastplatzes folgen Sie den Schildern „As Pozas 0,15 km“ bis zu den idyllischen ❀ Wasserbecken As Pozas des Regato das Pías ❹.

Im Sommer laden die Gumpen zu einem erfrischenden Bad ein.

Gehen Sie wieder zurück zur Abzweigung ❸ und folgen Sie hier links dem breiten Waldweg weiter bis zum ❀ **Wasserfall des Río de Mougás**.

☺ Werfen Sie im Folgenden immer wieder einen Blick zurück – der Fluss fällt über mehrere Stufen kaskadenförmig herab.

1 km nach dem Wasserfall führt rechts ein nicht beschilderter, schmalerer Waldweg vom breiten Wanderweg ab ❺ (km 7,9).

✋ ✎ Die Wanderung ist ab hier nicht mehr beschildert oder markiert. Gehen Sie auf diesem Waldweg bergab und ignorieren Sie sämtliche Abzweigungen nach links und rechts.

Der Weg führt oberhalb eines im Wald gelegenen **Tiergeheges** vorbei.

Bald lichtet sich der Wald und Sie erblicken das Dorf Mougás und den dahinter gelegenen Atlantik.

Bei der nächsten Möglichkeit biegen Sie rechts ab (km 8,8), gehen an einem **Brunnen** vorbei und weiter, bis der Wanderweg im Dorf Mougás in eine schmale Asphaltstraße mündet.

Ignorieren Sie von nun an alle Abzweigungen bis zum Kulturzentrum und wandern Sie immer bergab Richtung Meer. Sie können sich nicht verlaufen, solange Sie nur immer Richtung Atlantik wandern.

Im Dorfzentrum befindet sich ein kleiner, schattiger 👪 Kinderspielplatz mit Rutsche und Schaukel, der sich auch als ⩩ Rastplatz eignet. Der ⌘ *cruceiro* (Wegkreuz) beim Spielplatz stammt aus dem Jahr 1797.

Gleich hinter dem Spielplatz liegt das **Kulturzentrum** von Mougás.

🍷 Wenn Sie Glück haben, ist die Bar beim Kulturzentrum geöffnet. Feste Öffnungszeiten gibt es nicht.

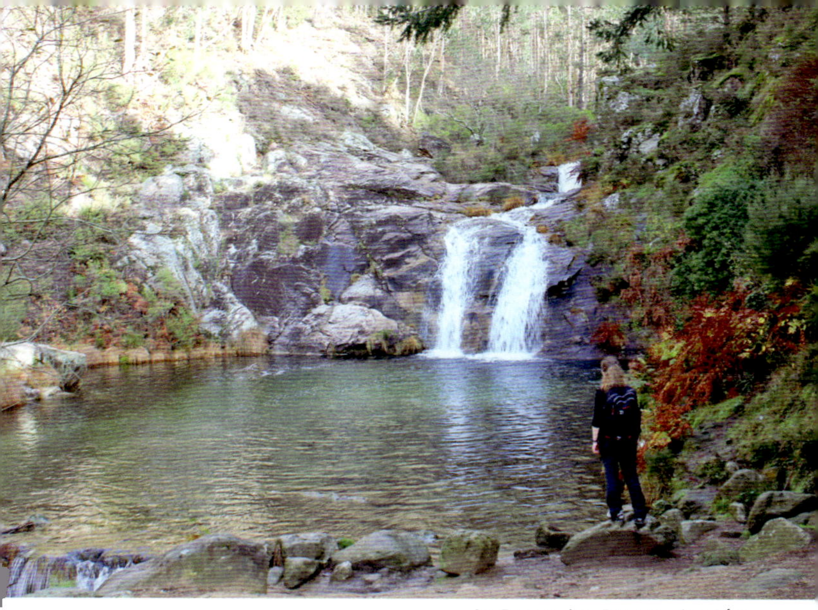

As Pozas des Regato das Pías

Unterhalb des Kulturzentrums schlagen Sie bei der **Weggabelung** den rechten Weg ein und gehen weiter bergab durch Felder und an einem rechts gelegenen Parkplatz vorbei. Queren Sie die Querstraße, bei der sich ein weiteres Wegkreuz befindet, und gehen Sie weiter geradeaus Richtung **Lourido**. Der Weg mündet bei km 10 in eine schmale Querstraße, bei der Sie links abbiegen. Sie gehen weiter bis zur Landstraße PO-552, die Sie vorsichtig queren (✋ kein Fußgängerübergang). Folgen Sie dann der Straße kurz Richtung Norden über eine **Brücke** über den Río de Mougás. Bei der Flussmündung des Río de Mougás befindet sich der kleine Badestrand **Praia Mougás**. Gleich hinter der Brücke biegen Sie nach links ab und folgen dem gut beschilderten Jakobsweg **Camiño Portugués** immer in Ufernähe und entlang wenig befahrener Fahrstraßen und unbefestigter Wege mit eindrucksvoller Aussicht auf die Atlantikküste bis zum Ausgangspunkt zurück. Der Campingplatz O Muiño mit der großen Mühle ist schon von Weitem zu erkennen.

Unterhalb des Campingplatzes befindet sich ein kleiner Badestrand.

Restaurant und Laden auf dem Campingplatz O Muiño Camping 1a Bungalow Park, Ctra. Baiona – A Garda km 26, 36309 Mougás – Oia, ☏ 986 361 600, www.campingmuino.com, Restaurant: Osterwoche bis 30.9. bei Campingbetrieb geöffnet, Supermarkt: keine festen Öffnungszeiten

3 Auf der Halbinsel Cabo do Home

WC

Tour für Leuchtturmfans und Liebhaber keltischer Kultur

Die abwechslungsreiche Rundwanderung führt vom Dörfchen Donón zunächst auf den eindrucksvollen Aussichtsberg Monte do Facho, auf dem sich ein großes keltisches Castro befindet, dann durch das abwechslungsreiche Landesinnere der Halbinsel Cabo do Home bis zu den idyllischen Sandstränden Praia A Barra und Praia do Melide. Sie wandern zu drei malerischen Leuchttürmen und schließlich an der schroffen Costa da Vela entlang wieder zurück zum Ausgangspunkt in Donón.

Start/Ziel: Aussichtspunkt A Caracola, Rúa de Forá in Donón, GPS N 42°16.248' W 008°51.673'

13,9 km

ca. 4 Std.

419 m/419 m

0-194 m

größtenteils entlang des Sendero Azul („Roteiro de Donón"), markiert mit blauen Pfeilen; zeitweise entlang der Wanderung Roteiro Exolóxico do Morrazo GR-59 mit weiß-roter Markierung

abwechslungsreiche Tour über sowohl sehr schmale als auch breite Wege und an Sandstränden entlang; schattige erste Hälfte, wenig Schatten in der zweiten Hälfte der Tour

Einkehrmöglichkeiten beim Ausgangspunkt und an der Praia de Melide (km 9,6), jeweils mit wunderbarer Aussicht auf das Meer

Rastplatz bei km 2,5

Praia de Barra (FKK) (km 6,9), Praia de Melide (km 9,7)

WC öffentliche Toiletten bei km 9,7 (nur in den Sommermonaten geöffnet)

Die Wanderung ist für kleine Kinder zu lang. Kinder ab sieben Jahren kommen aber auf ihre Kosten: Sie können ihrer Fantasie im Castro freien Lauf lassen, während Sie ihnen die Legende des mutigen Oridón erzählen. Planen Sie eine Schwimmpause ein! Einmal ist während der Wanderung eine Landstraße zu queren (km 5)!

nicht für Buggys geeignet

Die Tour ist für Hunde geeignet. Es gibt nur einen Brunnen beim Strand Melide (km 9,7), nehmen Sie daher genug Wasser mit. Leinen Sie Ihren Hund an den Sandstränden an.

P Parkmöglichkeiten beim Ausgangspunkt

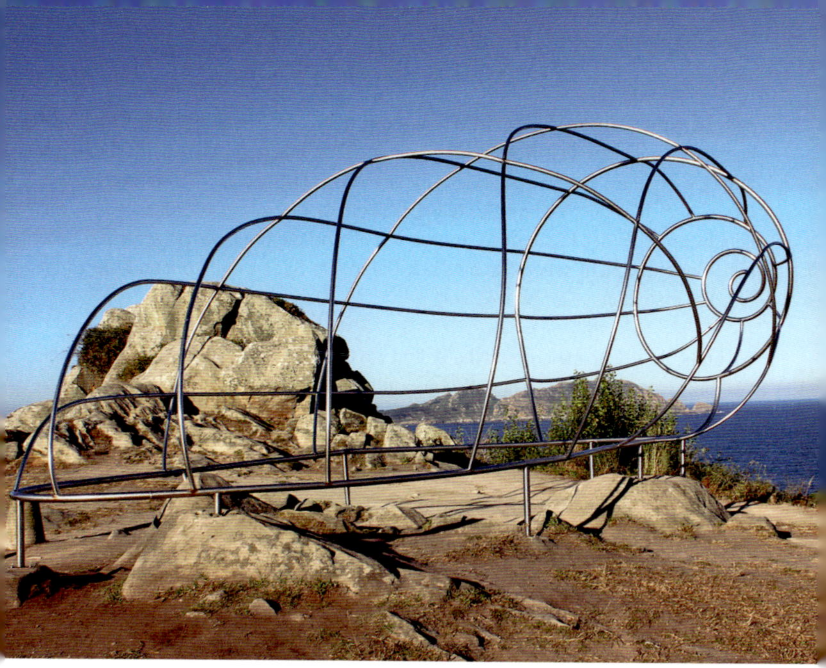

A Caracola von Lito Portela

Unterhalb des vom galicischen Künstler Lito Portela erschaffenen schneckenförmigen Kunstwerks ⌘ **A Caracola** (= die Schnecke), eines der charakteristischsten Symbole Galiciens, befindet sich ein **P** Parkplatz, wo die Wanderung beginnt. Hier befindet sich auch ein Restaurant.

✕ Restaurant/Hotel A Caracola de Cabo Home, Rúa do Couñal 82, 36945 Cangas do Morrazo, ☏ 670 683 038, 💻 http://www.caracoladecabohome.com/index.html, 🚪 täglich 9:00-23:00

Sie folgen der Beschilderung Richtung Norden und wandern auf der breiten, unbefestigten Fahrstraße auf den Monte do Facho (= Fackelberg). Nach ca. 500 m biegen Sie nach links auf einen mit Steinen gepflasterten Hohlweg ab. Am Boden befinden sich Wagenradspuren, die sich während jahrtausendelanger Wegbenutzung in die Felsen eingegraben haben. Bei der **Weggabelung bei km 0,9** ❶ biegen Sie zunächst nach links ab und machen einen Abstecher hinauf auf den lohnenswerten Gipfel, vorbei an den Schalensteinen ⌘ **Petroglifos do Facho** und dem **großen keltischen Castro**, bis zum höchsten Punkt des **Monte do Facho ❷**, auf dem sich Reste einer Militäranlage aus dem 17./18. Jh. befinden und von dem aus Sie eine atemberaubende Aussicht über die Ría de Pontevedra, die kleine Ría de Aldán, die Illa Ons, die nahe gelegenen Illas Cíes, die Leuchttürme an der Küste des Cabo do Home und die Ría de Vigo genießen können. Bei guter Sicht sehen Sie bis nach Baiona im Süden und können Fisterra im Norden erspähen.

Im 6. Jh. v. Chr. errichteten die Kelten ein Castro (☞ Wanderung Nr. 1), eine Wallburg mit über 50 ovalen Wohn- und Arbeitshäusern, auf dem Monte do Facho. Archäologische Ausgrabungen zeigten, dass der Monte do Facho zwischen dem 2. und dem 3. Jh. n. Chr. ein bedeutender, dem keltischen Gott Berobreo gewidmeter Wallfahrtsort war. Über 170 Altäre mit der lateinischen Inschrift „Deo lari Berobreo aram posui pro salute" („Ich habe dem Hausgott Berobreo einen Altar für die Gesundheit errichtet") wurden um den Monte do Facho gefunden.

Sie steigen wieder hinab zur Weggablung ❶ und schlagen dort den nach Nordwesten ins Landesinnere führenden schmalen Wanderweg ein. Nach etwa 300 m mündet der Weg in einen breiten, unbefestigten Fahrweg, dem Sie geradeaus weiter folgen. Ignorieren Sie die erste Abzweigung nach rechts. Nach 500 m macht der Fahrweg eine scharfe Rechtskurve, die Sie ausgehen. Folgen Sie dem breiten Hauptweg weiter, alle Abzweigungen nach links und rechts ignorierend. Bei km 2,4 mündet der Weg in einen anderen Weg, dem Sie nach links folgen. Sie wandern durch Eukalyptuswälder und Heiden, vorbei an einem Rastplatz mit Picknicktischen (km 2,5) (bei der Weggabelung halten Sie sich rechts und biegen nicht nach links ab) und einem schönen **Aussichtspunkt** (km 3) mit Blick auf das Meer, die Illas Cíes und den Monte do Facho.

Bei der **Weggabelung bei km 3,5 ❸** schlagen Sie den rechten Weg ein und steigen zum höchsten Punkt der Wanderung auf, der unspektakulär in einem Eukalyptuswald liegt. Der Weg führt dann wieder durch den schattigen Wald bergab. Bei der nächsten **Weggabelung** (km 4,6) biegen Sie nach rechts ab und folgen einem alten, steindurchsetzten, schmaleren Weg weiter bergab, bis Sie eine asphaltierte Landstraße queren (✋ kein Fußgängerübergang). Direkt gegenüber führt ein unscheinbarer, im Sommer dicht bewachsener Wanderweg uneben und etwas unwegsam durch den Wald weiter bergab.

Seien Sie vorsichtig! Hier ranken in Bodennähe vor allem im Sommer Brombeeren und sonstiges Gestrüpp, die tückische Stolperfallen sein können!

Sie gelangen zu einer **Stromleitung**, bei der Sie sich links halten. Bei der wenige Meter entfernten, kleinen **Brücke** biegen Sie wiederum links in den schönen und schattigen Mischwald ab. Die Wanderung führt nun zunächst über sandige Wanderpfade und dann über eine asphaltierte, wenig befahrene Fahrstraße an einigen Häuschen vorbei immer geradeaus Richtung Meer. Ignorieren Sie alle Abzweigungen nach links oder rechts. Bei einer **Kreuzung** ❹ verlassen Sie die markierte Wanderroute und folgen der Straße Rúa Preguntoiro geradeaus bergab an links gelegenen Parkplätzen vorbei. Nach ca. 150 m führen mehrere parallele Trampelpfade rechts durch den Pinienwald, hinter dem bereits das Meer aufblitzt, hinunter zum paradiesischen Sandstrand **Praia de Barra**.

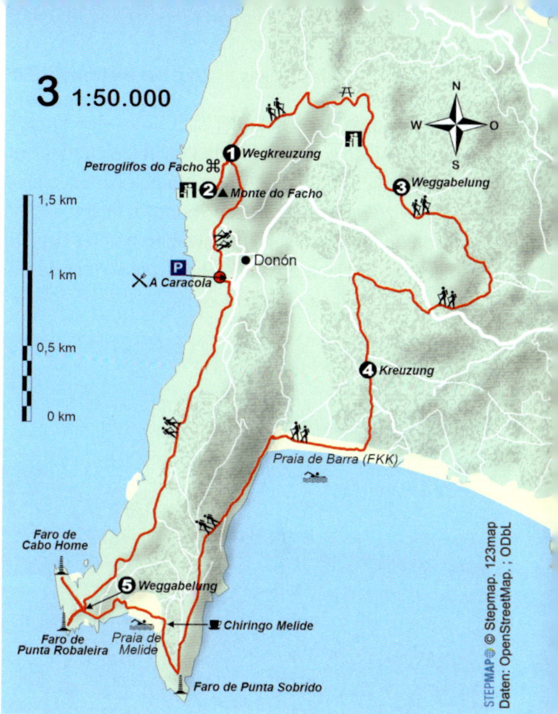

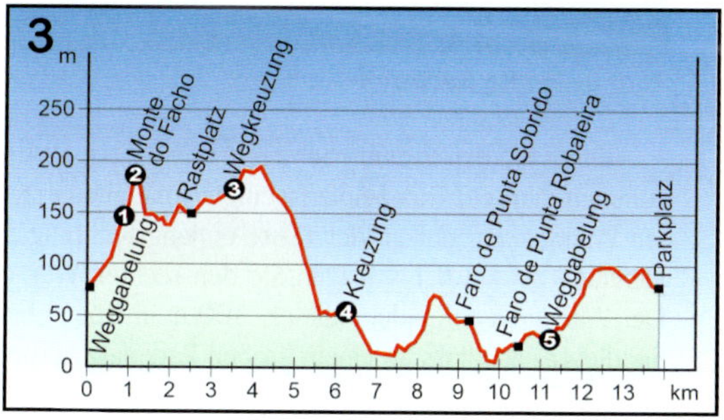

Der Legende nach befindet sich unter den Dünen hinter der Praia de Barra eine große heidnische Stadt. Man erzählt sich, dass es dem lieben Gott gar nicht gefiel, dass die Heiden die Angewohnheit hatten, sich am Strand auszuziehen, um dort nackt zu baden und in der Sonne zu liegen, weshalb er die Stadt eines Tages zerstörte und mitsamt seinen Einwohnern unter den Dünen vergrub. Geholfen hat das alles nichts: Heute ist der Sandstrand Praia de Barra einer der bekanntesten FKK-Strände in ganz Galicien!

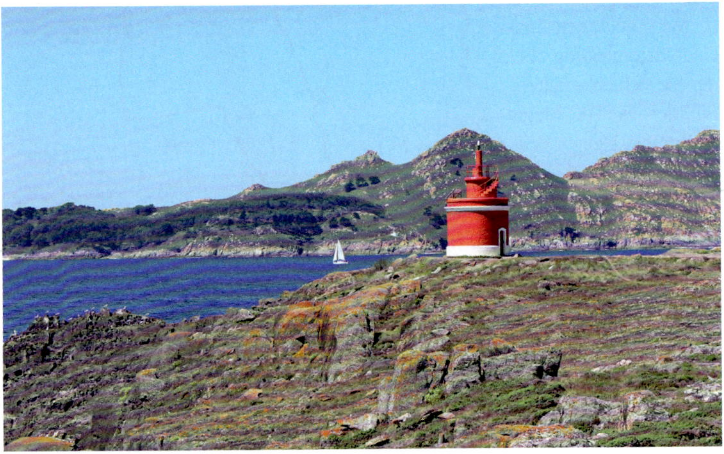

Faro de Punta Robaleira

Gehen Sie den Strand nach rechts entlang aus. Am Ende des Strandes angekommen führt ein Trampelpfad wenige Höhenmeter steil hinauf zum blau markierten Wanderweg, der an der Küste entlang Richtung Süden führt. Bei der **Weggabelung** bei km 8,1 schlagen Sie den rechten Weg ein und gehen steil hinauf. Der Wanderweg mündet nach ca. 300 m in eine unbefestigte Fahrstraße. Folgen Sie dieser nach links an einem großen Parkplatz vorbei und immer geradeaus bis zum **Faro de Punta Sobrido**.

Direkt beim Leuchtturm führt rechts ein schmaler Wanderpfad zur **Praia de Melide**. Das familiengeführte Strandcafé Chiringo Melide mit wunderbarer Aussicht eignet sich bestens für eine Rast. Hier finden Sie auch einen Brunnen und Toiletten.

Chiringo Melide, variable Öffnungszeiten von Juni bis September, nur Barzahlung möglich

Queren Sie den Sandstrand und steigen Sie über einen der Trampelpfade auf den unbefestigten, breiten Gehweg hinauf. Folgen Sie diesem nach links und gehen Sie bis zur **Wegkreuzung ❺**. Der Weg nach links führt zum von Weitem erkennbaren roten **Faro de Punta Robaleira**. Sie laufen wieder zurück zur Kreuzung und dann links zum **Faro de Cabo Home**. Anschließend wandern Sie erneut zurück zur Wegkreuzung.

Es ist übrigens kein Zufall, dass sich an der Südspitze der Costa da Vela so viele Leuchttürme befinden. Das Meer ist rau und gefährlich und oft fegen wilde Stürme über das Land. Zahlreiche Seemänner haben hier ihr Leben gelassen.

Die Legende des tapferen Oridón

Der Legende nach wütete hier vor langer Zeit ein Seemonster, das größer als 143 Elefanten war und scharfe Zähne und spitze Stacheln hatte. Eines Tages, als wieder einmal ein wilder Sturm wütete, erhob sich das Ungetüm plötzlich aus den Wellen und begann, sich auf die fliehenden Menschen zu stürzen. Nur der mutige Krieger Oridón wagte es, sich dem Monster entgegenzustellen und kämpfte tapfer mit Schwert und Schild bewaffnet. Zwar schien der Kampf aussichtslos, das Schicksal half dem Oridón aber schließlich. Der Sturm verzog sich plötzlich und die Sonne kam zum Vorschein. Das Seemonster war vom Sonnenlicht so geblendet, dass Oridón es über die Klippen stoßen konnte, wo es mit lautem Gebrüll in den Wellen des Meeres versank und zu Stein wurde. Noch heute erinnert der schroffe Küstenabschnitt an der Westseite der Costa de Vela an die spitzen Stacheln des Ungetüms.

Nach den lohnenswerten Abstechern zu den beiden Leuchttürmen Faro de Punta Robaleira und Faro de Cabo Home steigen Sie nun bei der bekannten **Wegkreuzung ❺** links auf dem schmalen Pfad und unter der Stromleitung bergauf Richtung Norden, an Erikabüschen und Brombeersträuchern vorbei, zu einem unbefestigten Gehweg. Diesem folgen Sie weiter, bis er bei einem kleinen Parkplatz in eine wenig befahrene Fahrstraße mündet (km 12). Hier biegen Sie nach links ab und wandern auf dem abgezäunten Fußgängerweg immer an der Küste entlang zurück zum Ausgangspunkt, wo Sie das nette, kleine Restaurant/Hotel A Caracola de Cabo Home mit großem Garten zu einer Einkehr einlädt.

4 Im Naturschutzgebiet Cabo Udra

Leichte Wanderung für Familien und Landschaftsgenießer

Die achtförmige Wanderung besteht aus zwei kurzen Schleifen durch das Naturschutzgebiet Cabo Udra: Die südliche Runde führt Sie durch einen schönen Mischwald mit reicher Flora und Fauna und zum idyllischen Sandstrand Praia de Lagos. Auf der zweiten Etappe umrunden Sie die Küste des Cabo Udra, vorbei an sonderbaren Steinformationen und mit spektakulärer Aussicht auf den Atlantik.

Start/Ziel: Parkplatz Praia do Ancoradoiro in Bueu, GPS N 42°20.067' W 008°49.483'

8,5 km

ca. 2 Std. 30 Min.

295 m/295 m

0-78 m

Sendero Azul del Cabo Udra, (teilweise schlecht) markiert mit weiß-blauen Balken; Abstecher außerhalb der markierten Route zum Monte O Castro und zur Praia de Pedrón

erste Hälfte entlang überwiegend breiter, schattiger Wald- und Fahrwege, zweite Hälfte auf schmalen Wanderwegen in offener Landschaft

Im Sommer erhalten Sie Erfrischungen beim Chiringo De Lagos (km 1,3) und in der Bar Cabo Udra (km 6).

Picknicktische beim Ausgangspunkt, Sitzbänke bei km 1,3

WC bei km 1,3 und km 6 (nur in den Sommermonaten geöffnet)

Praia de Lagos (km 1,3), Praia de Pedrón (FKK) (km 7,3), Praia do Ancoradoiro (km 8,3)

Die kurze Wanderung ist bestens für Kinder jeden Alters geeignet. Machen Sie mit kleinen Kindern nur eine Schleife oder lassen Sie die beschriebenen Abstecher abseits der markierten Route aus. Die flachen Sandstrände laden zum Plantschen ein. Am Wegesrand wachsen Brombeeren! Von km 1,3 bis km 2,1 verläuft die Wanderung auf einer wenig befahrenen Fahrstraße. Seien Sie hier vorsichtig!

Die erste Etappe in den Süden kann trotz der anfangs schmalen und unebenen Pfade mit etwas sportlichem Ehrgeiz mit dem Buggy bewältigt werden. Die Etappe in den Norden hingegen ist für Kinderwagen nicht geeignet, da die Wanderwege zu eng sind. Es besteht allerdings die Möglichkeit, die Nordschleife „rückwärts" zu beginnen und mit dem Kinderwagen vom Ausgangspunkt bis zum Informationszentrum Cabo Udra auf der flachen und breiten unbefestigten Straße zu spazieren (hin und retour ca. 2,5 km).

Der Weg ist gut für Hunde geeignet. Es gibt Brunnen beim Ausgangspunkt und bei der Praia de Lagos (km 1,3).

P Parkmöglichkeiten beim Ausgangspunkt

Ausgangspunkt ist der Parkplatz der **Praia de Ancoradoiro** am Cabo de Udra.

☺ Parken Sie mit dem Auto am südlich gelegenen Parkplatz. Der nördlich gelegene Parkplatz ist für Wohnmobile reserviert!

Am Ausgangspunkt befinden sich zahlreiche Picknicktische (leider kein Schatten), ein Brunnen mit Trinkwasser und ein Informationsschild zur Wanderroute.

Cabo de Udra

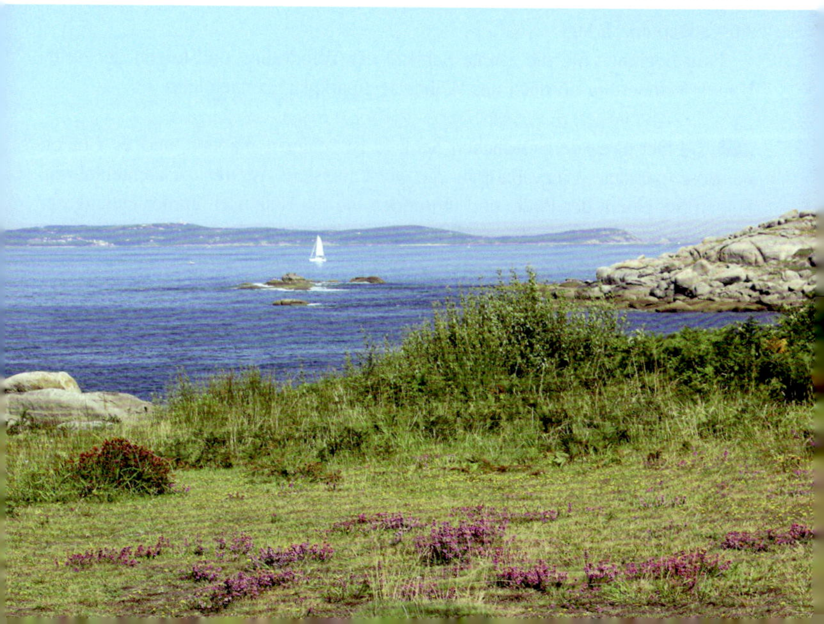

Der markierte Weg beginnt rechts neben dem schwarzen Tor im südlichen Teil des Parkplatzes und führt zunächst durch einen idyllischen Pinienwald und an einem Feuchtbiotop vorbei. Bei der nicht markierten **Wegkreuzung** bei km 1 biegen Sie nach rechts ab und wandern auf einem breiten, asphaltierten Weg hinunter zum Sandstrand **Praia de Lagos ❶**. Beim Rettungsschwimmerhäuschen finden Sie Toiletten und Duschen, einen Brunnen und die **Strandbar Chiringo de Lagos** (nur im Sommer geöffnet, keine festen Öffnungszeiten). Es gibt mehrere Sitzbänke. Sie folgen nun der wenig befahrenen Fahrstraße an ein paar idyllisch gelegenen Häuschen und Strandbuchten vorbei Richtung Süden. Von einem rechter Hand gelegenen Parkplatz (km 1,7) haben Sie eine wunderbare Aussicht über den Küstenabschnitt und auf die Praia de Lagos.

Nach ca. 500 m verlassen Sie die Fahrstraße und biegen der weiß-blauen Markierung folgend auf eine asphaltierte Straße in den Eukalyptuswald ab. Bleiben Sie immer auf dem Hauptweg, ignorieren Sie zunächst alle Abzweigungen nach links und rechts und folgen Sie bei einer Weggabelung der Beschilderung „Sendero Azul Cabo de Udra" nach links. Bei der **Wegkreuzung bei km 3 ❷** verlassen Sie die asphaltierte Straße und biegen nach links auf einen unbefestigten Weg ab (diese Abzweigung ist nicht markiert!), der Sie wieder zurück zum Ausgangspunkt bringt.

Nun beginnen Sie die zweite Schleife der Wanderung und folgen der weiß-blauen Markierung nördlich des Wohnwagenparkplatzes nach links.

Der Weg der nördlichen Schleife ist schlecht markiert und es gibt oft mehrere parallele Wegvarianten, die aber meistens wieder zusammenführen. Folgen Sie einem der Pfade und umrunden Sie die Halbinsel, immer entlang der Küste.

Hinter einer Holzschranke führt der schmale Wanderweg an großen, runden Steinblöcken vorbei bergauf in den Wald. Linker Hand befinden sich die zwischen die Felsen gebauten ⌘ **Chozos de Chan de Esqueiros,**

Auch wenn die Chozos de Chan de Esqueiros auf den ersten Blick an Häuschen aus dem Auenland erinnern, werden Sie hier keine Hobbits finden. Bei den Chozos handelt es sich um sehr primitive Hirtenhäuschen aus dem 19. Jh., die zwischen die großen Granitfelsen gebaut wurden. Bis Mitte des 20. Jh. wurden sie genutzt, da der Cabo Udra ein beliebter Weideplatz war. Die Unterschlüpfe stehen unter Denkmalschutz.

Bei einem **Informationsschild** (km 4,2) halten Sie sich links. Auch bei der Weggabelung 100 m weiter folgen Sie dem linken Weg. Der Wald lichtet sich und Sie wandern zu einem **Aussichtspunkt**, an dem oft Pferde weiden.

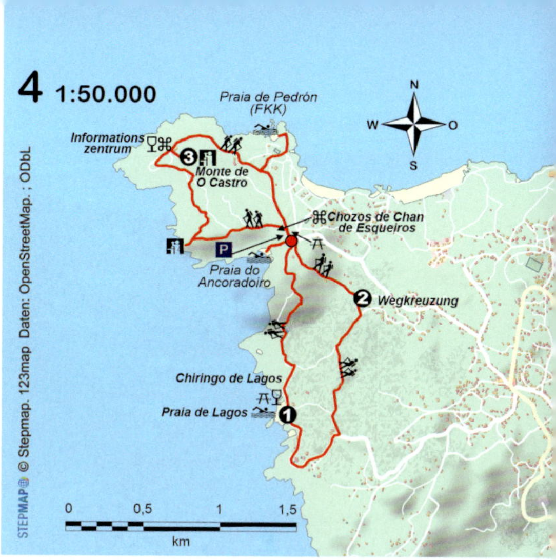

☺ Ab August wachsen hier unzählige Brombeeren am Wegesrand!

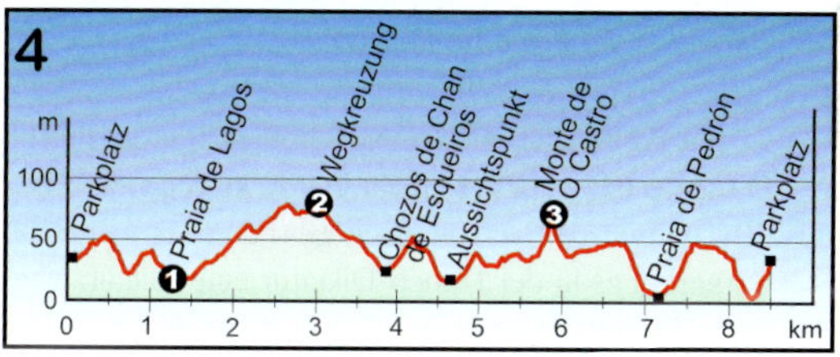

Vom Aussichtspunkt aus folgen Sie nun dem nicht markierten, schmalen Wanderweg steil hinauf bis zu einem weiteren **Informationsschild** (km 4,9). Dort biegen Sie nach links ab und folgen dem Wanderweg weiter. Sie gehen in einem großen Bogen an der Küste entlang und gelangen schließlich zu einer kleinen Häuseransammlung. Hier befindet sich ein ⌘ **Informationszentrum** über Flora und Fauna am Cabo Udra, das auch über Ökosysteme in Küstengegenden und erneuerbare und saubere Energien informiert (leider nur auf Spanisch und Galicisch). Neben dem Informationszentrum befindet sich eine Bar.

⌘ Informationszentrum Aula de Naturaleza Cabo Udra, ☎ 986 390 029, auladanatureza@concellodebueu.org, nur im Sommer an den Wochenenden geöffnet, 11:00-20:30

Bar Cabo Udra, 36937 Bueu, variable Öffnungszeiten, meistens nachmittags im Sommer geöffnet, WC

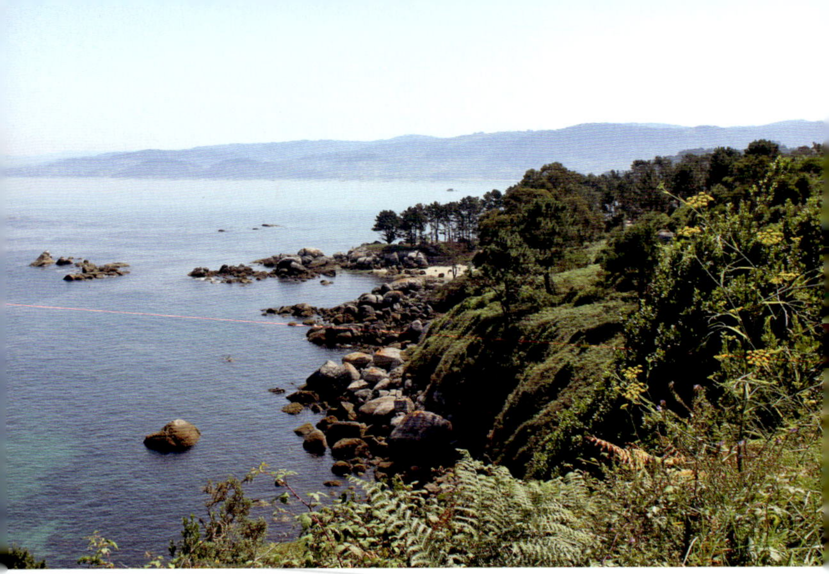

Blick auf die Praia de Pedrón

Ein Wegweiser mit der Aufschrift „Mirador" führt Sie hinauf auf den **Monte de O Castro ❸**, an dem sich vor 2.000 Jahren eine keltische Siedlung befand. In den 30er-Jahren des vergangenen Jahrhunderts wurde hier während des spanischen Bürgerkriegs in der Franco-Diktatur eine Militäranlage errichtet, an deren verfallenen Resten Sie beim Aufstieg vorbeikommen.

Vom Monte de O Castro haben Sie eine traumhafte Rundumaussicht. Die Aussichtsplattform eignet sich auch hervorragend für eine Rast.

Sie steigen wieder zum Informationszentrum ab und folgen der breiten, unbefestigten Straße Richtung Osten. Bei km 6,8 verlassen Sie bei einer Abzweigung die breite Straße und biegen nach links ab. Sie machen einen Abstecher hinunter zur einsamen **Praia de Pedrón** (FKK). Sie kehren zurück zur Abzweigung und folgen anschließend weiter der breiten Straße zum Ausgangspunkt.

Lassen Sie die Wanderung nun noch beim kleinen Sandstrand **Praia do Ancoradoiro** ausklingen. Biegen Sie dazu beim Parkplatz nach rechts ab und gehen Sie hinunter zum Meer.

Die geschützte Bucht ist für ein Bad mit kleinen Kindern bestens geeignet.

❺ Strandwanderung in Marín

Wanderung für Liebhaber urbaner Strände und für archäologisch Interessierte

Sie wandern an der abwechslungsreichen Küste der Gemeinde Marín entlang, zunächst gemächlich von einem idyllischen Sandstrand zum nächsten, besuchen die charakteristischsten Steinritzungen Galiciens, die Petroglifos de Mogor, und spazieren durch mehrere Vororte Maríns bis zum idyllischen Küstenort Loira. Der Weg führt sodann etwas abgeschieden unter den Gipfeln des Monte Sobareiro und des Monte da Cova bis zum Sandstrand Praia do Santo. Besonders Mutige können bei Ebbe durch das Wasser auf die Insel Illa do Santo do Mar waten oder noch einen (anspruchsvollen) Abstecher bis zur Praia de Covelo anhängen – leichtes „rock hopping" inklusive!

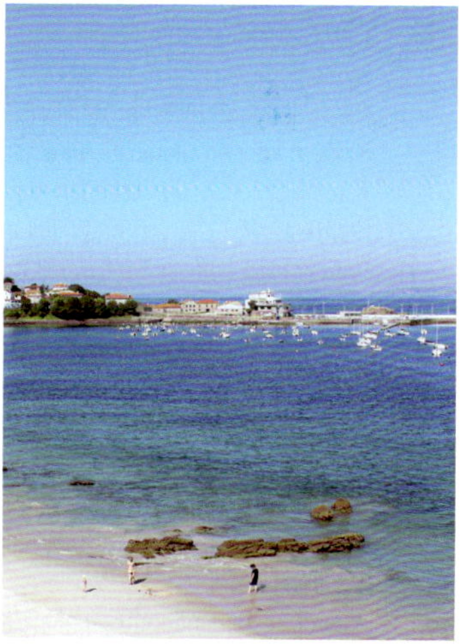

Hafen von Aguete

⇆ Start/Ziel: Stadtpark Alameda an der Avenida Orense PO-11 in Marín, GPS N 42°23.592' W 008°41.984'

18,4 km (mit Abstecher zur Praia de Covelo 21,3 km)

ca. 4 Std. 30 Min. (mit Abstecher zur Praia de Covelo 5 Std. 30 Min.)

↑↓ 489 m/489 m

⇧ 0-90 m

ab km 1,2 entlang der mit weiß-blauen Balken markierten Ruta das Praias

breite Gehwege, schmale und breite, unbefestigte und unebene Wanderwege, abschnittsweise an Sandstränden entlang

El Merendero 2 (km 2,5), Mini Bar (km 4,9), Restaurante O Muiño (km 6,4), Cafés und Strandkioske entlang des Strandes Aguete (und am Strand Lapaman, wenn Sie den Abstecher zur Praia de Covelo machen) und zahlreiche Einkehrmöglichkeiten im Ort Marín

- Sitzbänke und Picknicktische in regelmäßigen Abständen, besonders schöne Picknicktische bei km 1,9 und km 6,9
- WC öffentliche Toiletten bei den Stränden (oft nur tagsüber und im Sommer geöffnet)
- mehrere Supermärkte im Ort Marín
- zahlreiche Bademöglichkeiten entlang des Weges
- Das Freilichtmuseum Mogor begeistert Groß und Klein! Hängen Sie mit größeren Kindern die Verlängerung bis zur Praia de Covelo an und suchen Sie Seesterne und Riesenkrabben zwischen den Felsblöcken (Schwierigkeitsgrad rot). Mit kleineren Kindern können Sie auch nur einen Abschnitt der langen Wanderung machen: Setzen Sie sich z. B. den schönen Kinderspielplatz an der idyllischen Praia de Loira zum Ziel (km 6,4). Der erste Teil der Wanderung verläuft neben kaum befahrenen Fahrstraßen – seien Sie hier mit Kindern vorsichtig!
- Mit dem Kinderwagen können Sie den ersten Teil der Wanderung bis zur Praia de Loira ohne größere Schwierigkeiten schaffen – meiden Sie aber die Treppe zur Praia de Loira (km 6,1) und gehen Sie stattdessen auf einem der Dorfsträßchen hinunter zum Strand. Ab der Praia de Loira ist die Wanderung nicht mehr für Buggys geeignet.
- Die Tour (ohne Abstecher zur Praia de Covelo) ist für Hunde gut geeignet, da die Sandstrände, die mit Hunden während der Badesaison nicht betreten werden dürfen, gut umgangen werden können. An den meisten Stränden gibt es Wasserstellen und Stranddusche n.
- P zahlreiche Parkmöglichkeiten in Marín und in Loira (km 6,5)
- gute Busverbindung von Pontevedra nach Marín zwischen 8:00 und 21:00; Bushaltestelle beim Ausgangspunkt Marín – Alameda (aktueller Fahrplan abrufbar unter www.monbus.es)

Parken Sie gegenüber der Alameda, dem Stadtgarten von Marín. Zunächst gehen Sie auf dem Gehweg der breiten Hauptstraße entlang Richtung Westen, kommen vorbei am Eingang des Marinestützpunkts (Zona Militar Naval) und

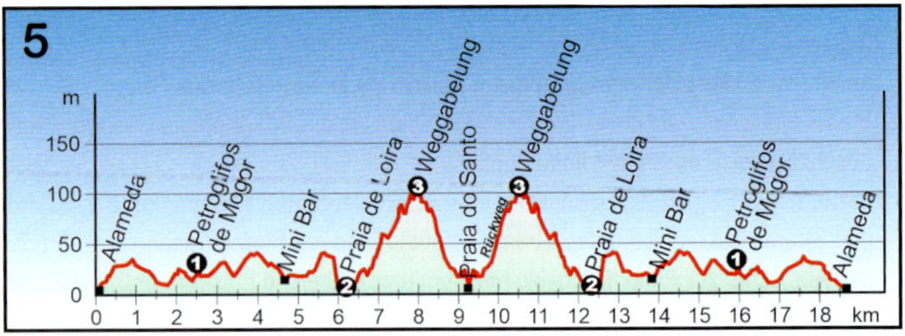

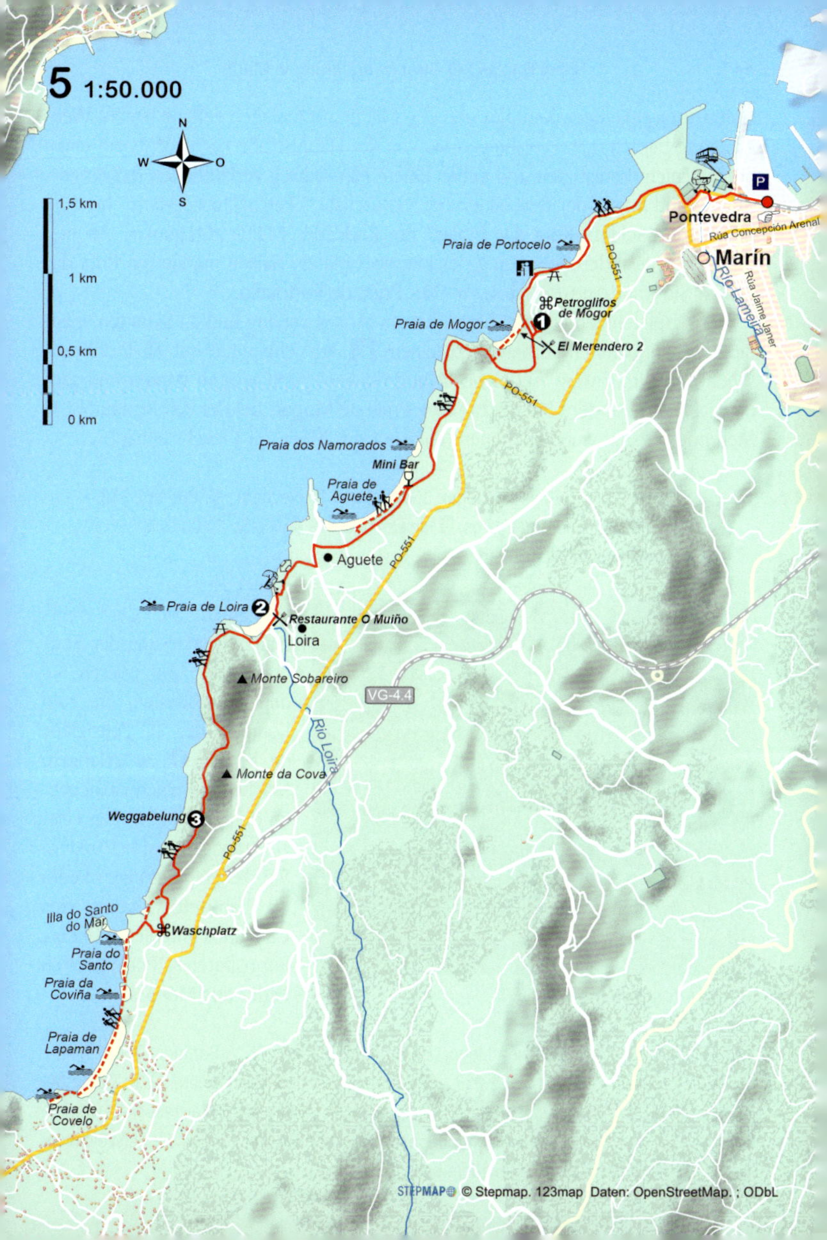
5 1:50.000
N
W
O
S
1,5 km
1 km
0,5 km
0 km
Pontevedra
Rúa Concepción Arenal
Marín
Río Lameira
Rúa Jaime Janer
Praia de Portocelo
PO-551
Petroglifos de Mogor
Praia de Mogor
El Merendero 2
PO-551
Praia dos Namorados
Mini Bar
Praia de Aguete
Aguete
PO-551
Praia de Loira
Restaurante O Muiño
Loira
Monte Sobareiro
VG-4.4
Río Loira
Monte da Cova
Weggabelung
PO-551
Illa do Santo do Mar
Waschplatz
Praia do Santo
Praia da Coviña
Praia de Lapaman
Praia de Covelo
STEPMAP © Stepmap. 123map Daten: OpenStreetMap. ; ODbL

laufen am weitläufigen Komplex und den Militärsportanlagen entlang bis zur **Weggabelung** bei km 0,9. Hier biegen Sie von der Hauptstraße nach rechts auf einen breiten, nicht befestigten und neben einem Fahrradweg verlaufenden Fußgängerweg ab und folgen der Beschilderung „Via Ciclista – Petroglifo de Marín" bis zum **Informationsschild „Ruta das Praias"** am Ende des Militärstützpunkts. Ab hier verläuft die Wanderung entlang der mit weiß-blauen Balken markierten Ruta das Praias. Sie wandern weiter bis zur **Praia de Portocelo**.

Der kopfsteingepflasterte Weg führt am Strand entlang und an Schatten spendenden Laubbäumen vorbei bis zu einem Aussichtspunkt mit Picknicktischen und Sitzbänken. Auf abwechslungsreichen, gepflasterten Wegen und sandigen Pfaden wandern Sie bis zur **Praia de Mogor**, bei der das Restaurant El Merendero 2 mit wunderschönem Blick auf das Meer zur Einkehr einlädt.

El Merendero 2, Praia de Mogor, 36911 Marín, Pontevedra, ☎ 986 882 333, mario@elmerendero2.es, Mo-Do 10:00-19:00, Fr-So 10:00-0:00 (Betriebsurlaub im Dezember)

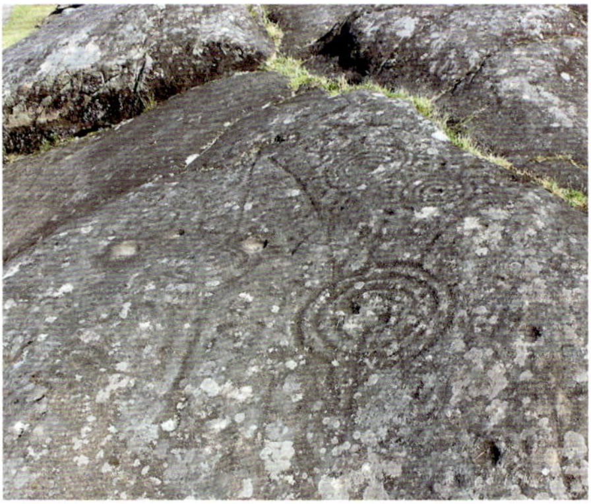

Petroglifos de Mogor

Folgen Sie der weiß-blauen Markierung der Straße entlang und queren Sie den Zebrastreifen, um zum Komplex der ⌘ **Petroglifos de Mogor** ❶ zu gelangen. Machen Sie einen Abstecher zu den eindrucksvollen Felszeichnungen und bewundern Sie die Steinritzungen Pedra do Labirinto, Pedras dos Campiños und die besonders imposanten Petroglyphen Pedra dos Mouros.

Centro de Interpretación Mogor, Barrio Perez Crespo 95, A Barriada, 36911 Marín, Pontevedra, ☎ 647 368 939, petroglifos.mogor@gmall.com, Di-Do 11:00-13:00, 17:00-19:00, geführte Touren müssen im Voraus per E-Mail reserviert werden. (☺ Wenn das Besucherzentrum geschlossen sein sollte, können die Felszeichnungen auf dem Gelände trotzdem besucht werden!)

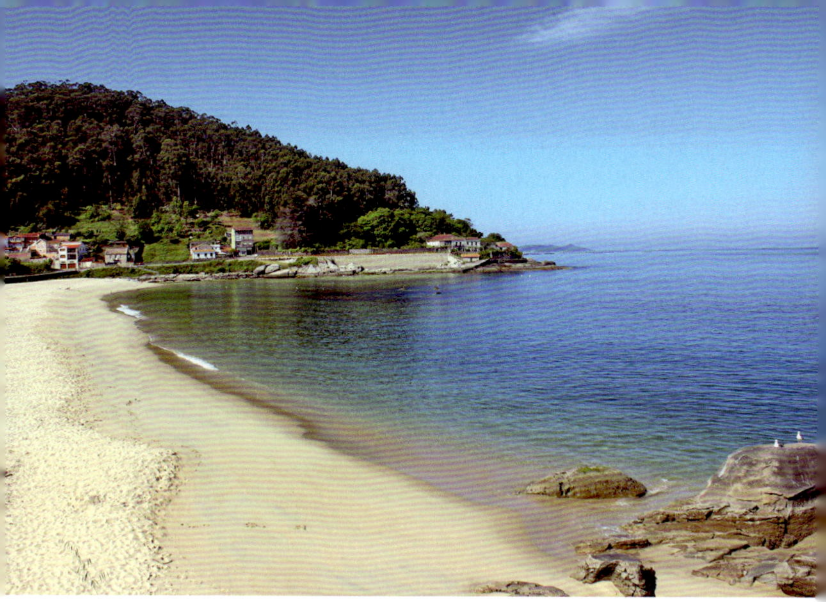

Praia de Loira

Zurück beim Zebrastreifen gehen Sie auf dem Gehweg neben der wenig befahrenen Fahrstraße weiter entlang Richtung Süden (☝ lassen Sie sich von den gekreuzten weißen und grünen Balken am Boden nicht irritieren, die weiß-grüne Markierung gehört zu einer anderen Wanderroute). Die Wanderung führt am breiten Gehweg entlang durch Wälder und kleine Ortschaften vorbei an der **Praia dos Namorados** und weiter zur **Praia de Aguete** mit dem dahinterliegenden Hafen des gleichnamigen Örtchens.

Mini Bar, Praia de Aguete, 36913 Marín, Pontevedra, ☏ 629 654 894, täglich 12:00-23:00

Im Ort Aguete biegen Sie bei der **Wegkreuzung** bei km 5,6 nach links auf die Querstraße ab (☝ hier ist die Wanderung nicht gut markiert!), folgen dieser kurz bergauf und biegen nach ca. 150 m nach rechts auf einen asphaltierten Weg ab, der zunächst an gepflegten Gärten vorbei und dann durch ein Wäldchen führt. Bald öffnet sich der Blick auf die idyllisch gelegene Ortschaft Loira und Sie folgen den Markierungen steil hinunter und über eine Treppe zum Strand **Praia de Loira ❷**.

↳ Wenn Sie den Buggy nicht über die Treppe und ein paar Meter über den Sandstrand tragen wollen, meiden Sie dieses letzte steile Stück. Machen Sie stattdessen einen kleinen Umweg durch das hübsche Dorf und gehen Sie weiter gerade aus. Bei der ersten Möglichkeit biegen Sie rechts ab und wandern hinunter zum Strand.

Sie folgen nun der parallel zum Strand verlaufenden Straße und kommen an einem Kinderspielplatz vorbei.

↳ Bei km 6,4 können Sie einen Abstecher zum Restaurant O Muiño machen. Biegen Sie dazu nach links ab. Das Restaurant befindet sich nach ca. 50 m auf der rechten Seite.

✕ Restaurante O Muiño, Poblado Loira 53, 36913 Marín, Pontevedra, ☏ 615 491 142, täglich 11:00-1:00

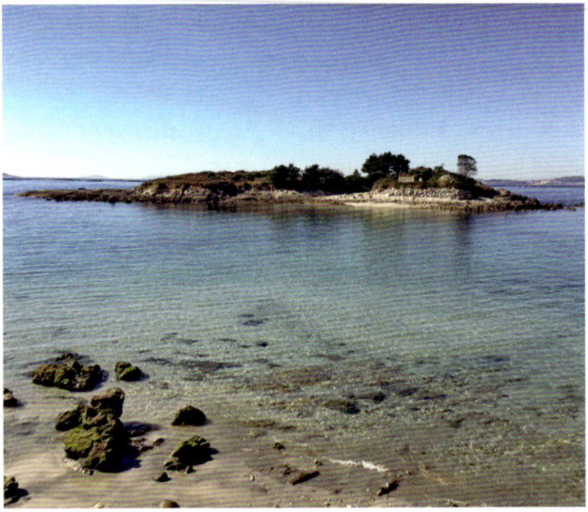

Illa do Santo do Mar o de San Clemente

Die Straße führt weiter bis zu einem **Informationsschild** zur Ruta das Praias am südlichen Ende des Strandes Praia de Loira. Folgen Sie der Beschilderung nach links und wandern Sie kurz einen Hohlweg entlang, der in einen breiten, unebenen und unbefestigten Wanderweg mündet. Hier befinden sich Picknicktische. Der Weg führt unterhalb des **Monte Sobareiro** und des Monte da Cova an der Küste entlang, mit spektakulärem Ausblick auf das Meer und die *ría*. Folgen Sie stets der Markierung und ignorieren Sie die Abzweigungen nach links. Bei der **Weggabelung ❸** gehen Sie geradeaus weiter und biegen nicht nach links ab (die Markierung ist etwas versteckt und die Wegführung verleitet fälschlicherweise nach links!).

Sie gelangen bald wieder zu einer Urbanisation. Der Wanderweg mündet in eine schmale Asphaltstraße. Folgen Sie den Markierungen und Schildern durch die Häusersiedlung bergab, bis Sie zu einem rechts gelegenen überdachten ⌘ *lavadoiro* (= Waschplatz) gelangen. Biegen Sie nach rechts ab und folgen Sie den Markierungen entlang der Asphaltstraße bis zur **Praia do Santo** mit der nahen Insel **Illa do Santo do Mar o de San Clemente**. Hier endet die Ruta das Praias.

☺ Bei Ebbe können Sie durch das (für Erwachsene) nur knietiefe Wasser auf die Insel waten – im glasklaren Wasser können Sie dabei Fische und Meerestiere beobachten. Kinder werden begeistert sein! Auf der Illa do Santo befinden sich die Ruinen einer dem heiligen Clemens gewidmeten Kapelle, die über einem keltischen Castro aus der Eisenzeit gebaut wurde.

Wenn Sie noch nicht genug haben, verlängern Sie die Wanderung an den Stränden entlang bis zur **Praia de Covelo**. Zwischen den Stränden **Praia da Coviña, Praia de Lapaman** und der **Praia de Covelo** müssen Sie über große Felsblöcke klettern und dabei Hände zu Hilfe nehmen. Freunde vom „rock hopping" kommen hier auf ihre Kosten. Zwischen den Steinen lassen sich zahlreiche Meerestiere entdecken: In den kleinen Wassertümpeln finden Sie große Krabben, Seesterne, Seeigel, Langusten, Anemonen, verschiedene Muscheln und kleine Fische. An der langen **Praia de Lapaman** gibt es Cafés und Strandbars.

Die Verlängerung der Wanderung (Schwierigkeitsgrad rot) ist nur bei Ebbe möglich. Die Felsblöcke sind zum Teil rutschig. Achten Sie auf die Gezeiten, die Sie unter https://gezeitenfisch.com/es/pontevedra/marin abrufen können.

Für den Rückweg folgen Sie dem Weg wieder zurück. Bei km 9,7 sollten Sie den vom Hinweg bekannten Weg geradeaus abkürzen. Sie gelangen über einen unbefestigten Spazierweg bei km 9,9 wieder auf den ursprünglichen Weg. Bei km 13,6 empfiehlt es sich, direkt am Sandstrand entlanglaufen, über einige Treppen bei der Bar (km 14) kommen Sie auf den ursprünglichen Weg hinauf. Ebenso bietet es sich an, dass Sie bei km 15,7 nun direkt an der Praia de Mogor entlanglaufen, und Sie gelangen bei km 16 wieder auf den Hauptweg.

6 Umrundung der Illa Ons

Inselumrundung für Familien und Naturliebhaber

Die Illa Ons gehört zum Nationalpark Illas Atlánticas und ist zwar weniger bekannt als die benachbarten Illas Cíes, steht diesen aber in nichts nach und ist weniger überlaufen. Der Süden der Insel beeindruckt mit dem Aussichtspunkt Miradoiro Fedorentos und dem „Höllenloch" Burato do Inferno. Außerdem liegt eine keltische Siedlung am Weg, wo der Legende nach ein goldener Schatz versteckt sein soll. Im etwas wilderen Norden der Insel genießen Sie einheimische Flora und Fauna, wandern bis zur Punta Centolo, wo man der Santa Campaña begegnen kann, und können am paradiesischen Sandstrand Praia de Melide einen Sprung ins kristallklare Wasser wagen.

Start/Ziel: Hafen Isla de Ons, GPS N 42°22.627' W 008°55.812'

14,2 km

ca. 4 Std.

480 m/480 m

0-116 m

grüne und rote Markierungen, gut beschildert

Die Wanderung verläuft über breite, meist unbefestigte und nur in der Nähe des Ortes Ons asphaltierte Wege und überwiegend in offener Landschaft ohne Schatten.

Casa Checho, Casa Acuña (beide km 0,1 bzw. 14,1), Bar O Pirata (km 0,25). Erfrischungen und Snacks sowie kleine Mahlzeiten erhalten Sie auch bei der Campingbar am Campingplatz, der sich in der Mitte der Insel befindet. Hier werden auch bocatas (Sandwiches) und Lebensmittel verkauft, die Sie auf die Wanderung mitnehmen können, wenn Sie auf dem Campingplatz übernachten.

Rastplatz mit Tischen beim Strand Area dos Cans (km 0,5), Picknicktisch am Miradoiro Fedorentos (km 2,8). Als Rastplatz mit schöner Aussicht eignen sich auch das Burato do Inferno (km 3,7) und der Strand Praia de Melide (km 12,2).

kleiner Lebensmittelladen am Start/Ziel beim Hafen

Area dos Cans (km 0,5), Praia Canexol (km 1,1), Praia de Melide (km 12,2)

Die Wanderung eignet sich gut für Kinder. Erzählen Sie Ihren Kindern eine der vielen die Insel Ons umrankenden Legenden und erkunden Sie den Burggraben des Castros – vielleicht finden Sie den goldenen Schatz? Das interaktive Museum im Dorf (km 0,2) ist für Kinder auch interessant, wenn sie kein Spanisch verstehen.

Vorsicht bei den steilen und ungesicherten Klippen des Burato do Inferno!

Die breiten, meist unbefestigten Wege sind streckenweise holprig und nicht durchgehend optimal für einen Kinderwagen. Der Abstecher vom Hauptweg zum Burato do Inferno hin und retour (km 3,3-3,9) verläuft über einen schmalen Wanderweg, der mit einem Buggy nicht befahren werden kann. Mit etwas sportlichem Ehrgeiz lässt sich die Wanderung aber auch mit Buggy meistern – lassen Sie den Abstecher zum Höllenloch aus. Auf dem Trampelpfad um den Leuchtturm (km 8-8,2) muss der Buggy getragen werden.

In den Nationalpark dürfen Sie keine Hunde mitnehmen.

Es verkehren täglich mehrere Schiffe von den Häfen in Bueu und Portonovo hin und retour, Erwachsene € 14, Kinder von 4 bis 12 € 7. An den Häfen gibt es zahlreiche Parkplätze, wo Sie Ihr Fahrzeug auch über Nacht stehen lassen können. Buchen Sie die Tickets auf www.mardeons.es oder www.piratasdenabia.com. Sie können auch direkt am Hafen in Bueu Tickets kaufen (www.isladeons.net/barco-a-ons). Für eine Fahrt in den Nationalpark benötigen Sie vorab eine Genehmigung der Xunta de Galicia, da die Anzahl der Besucher limitiert ist (weitere Infos ☞ unten).

☺ Tipp 1: Seit 2019 kann man den schönen Naturpark nur noch in der Osterwoche und im Sommer von Juni bis Ende September besuchen. Außerdem muss im Voraus eine Genehmigung der Xunta de Galicia eingeholt werden. Wenn Sie auf der Insel am Campingplatz übernachten und online buchen, holt der Campingplatz die Genehmigung für Sie ein und ist auch der Transport mit dem Schiff bereits inkludiert. Bleiben Sie nur einen Tag, so müssen Sie die Genehmigung selbst einholen, außer Sie kaufen die Tickets direkt am Abfahrtstag am Hafen (allerdings riskieren Sie dabei, dass das Besucherlimit bereits erreicht ist). Tipp 2: Sie können die Wanderung auch in zwei kürzere Tagesetappen aufteilen. Auf der Insel zu übernachten und in der Nacht die Sterne zu beobachten, ist ein besonderes Erlebnis.

Vom Hafen gehen Sie zunächst Richtung Westen, vorbei an einem kleinen Supermarkt (keine festen Öffnungszeiten), und steigen bergauf zum Dorf. Hier befinden sich einige Einkehrmöglichkeiten und ein Museum entlang der Straße.

✕ **Casa Checho**, Curro 10, 36930 Illa Ons, ☏ 986 687 698, Juni bis September täglich 13:00-16:00, 21:00-23:00

♦ **Casa Acuña** (Spezialität: Oktopus), Curro 11-12, 36930 Illa Ons, ☏ 986 441 678, Juni bis September täglich 9:00-24:00

♦ **Bar O Pirata** (Spezialität: Gegrilltes), Curro 23, 36930 Illa Ons, ☏ 696 991 986, Juni bis September täglich 8:00-23:00

☺ ⌘ Nehmen Sie sich Zeit, das kleine, aber sehr informative **Museum über die Illas Atlánticas** zu besuchen.

♦ Centro de Visitantes de ONS, Barrio do Curro s/n, 36930 Illa Ons, keine festen Öffnungszeiten, aber meistens geöffnet, wenn Schiffsverkehr ist

Hinter dem Museum biegen Sie nach links ab und folgen einem asphaltierten Weg Richtung Süden. Folgen Sie kurz darauf der Beschilderung „Praias“ und „Mirador de Fedorentos“ auf den teilweise asphaltierten und mit grünen Markierungen versehenen Weg, der zunächst flach am Meer entlang Richtung Süden führt. Sie kommen am Strand **Area dos Cans** vorbei, an dessen südlichem Ende sich der geheimnisvolle ⌘ **Laxe do Abade**, ein alter Sarkophag, befindet. Der Sarkophag liegt im Wasser auf einem kleinen Landstück. Mutige Schwimmer können zum Laxe do Abade schwimmen. Sie gehen weiter zum Strand **Praia Canexol**.

Rechts und links kommen Sie dabei an einigen galicischen Wohnhäuschen vorbei, die aufgrund der strengen Witterung im Winter nur einstöckig gebaut und mit kleinen Fenstern versehen sind. An Hauswänden hängen *nasas* und *palangrillos*, traditionelle Fischereiutensilien, die bereits seit Jahrhunderten in Galicien verwendet werden. Die Chancen stehen gut, dass Sie an einem Grüppchen älterer Einheimischer vorbeikommen, die auf einer Terrasse sitzen und ausgiebig kommentieren, wer des Weges kommt. Über ein *„Bo día!“* (= Guten Tag!) freuen sie sich bestimmt!

Der mittlerweile nicht mehr asphaltierte breite Weg steigt an und führt an einer verwilderten Amphibienbrutstätte und einem staatlichen Jugendcampingplatz vorbei. 150 m nach dem Campingplatz folgen Sie bei der Kreuzung den Schildern „Burato do Inferno“ und „Mirador de Fedorentos“ nach links (km 2) und halten sich auch bei der nächsten Abzweigung links.

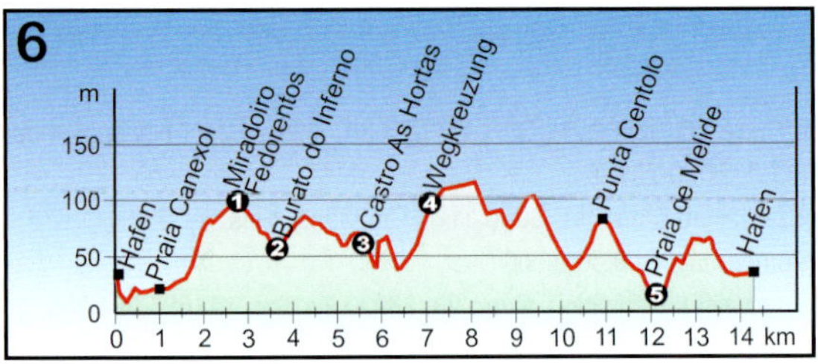

⌘ Zum Schutz der heimischen Fledermäuse wurden im kleinen Pinienwald, durch den die Wanderung sodann führt, Fledermauskästen an den Bäumen angebracht. Die wendigen Flugakrobaten können Sie vor allem in den Abendstunden gut beobachten.

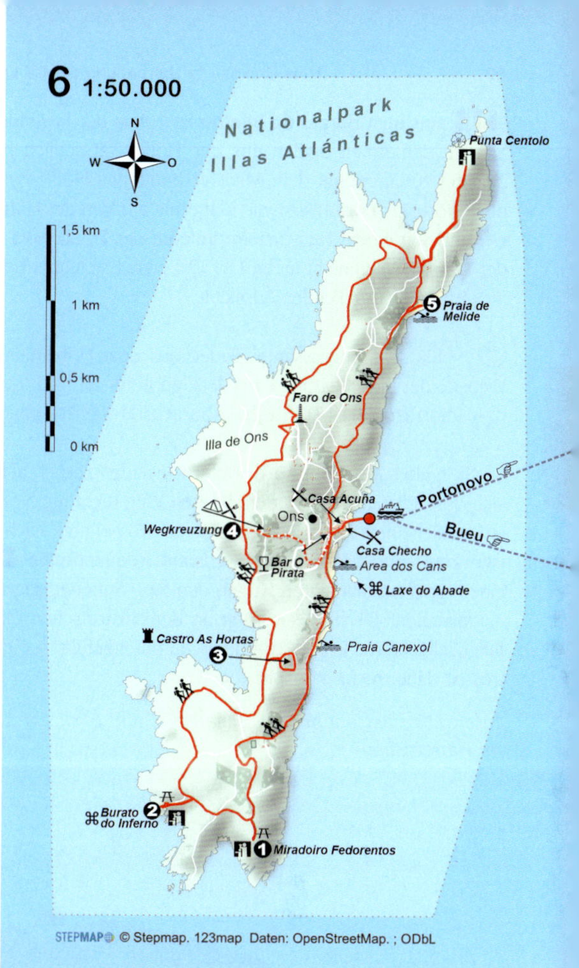

Nach ca. 600 m verlassen Sie den Hauptweg, folgen dem Schild „Mirador de Fedorentos" nach links und erreichen sogleich den spektakulären Aussichtspunkt **Miradoiro Fedorentos ❶** am südlichsten Punkt der Insel. Direkt vor Ihnen befindet sich die kleine Illa de Onza und dahinter ist das eindrucksvolle Relief der Illas Cíes erkennbar. Genießen Sie die wunderbare Aussicht über die Ría de Pontevedra und die Ría de Vigo!

Wieder zurück am Hauptweg führen Sie weitere Schilder und Markierungen bis zum ⌘ **Burato do Inferno ❷** – der letzte Abschnitt dorthin zweigt vom Hauptweg ab und führt über einen sehr schmalen Wanderweg zum „Höllenloch" (mit einem Buggy können Sie diesen schmalen Weg nicht befahren).

⌘ Aus dem **Burato do Inferno** hört man der Legende nach die verzweifelten Schreie der armen Seelen aus der Hölle. Tatsächlich handelt es sich um den Zugang zu einem mit dem Meer verbundenen Höhlensystem – die Meeresbrandung hörte sich wohl einst wie Klagerufe an. Von der Höhle selbst sieht man nicht viel und seit einem Felssturz im Inneren der Höhle hört man auch die Klagerufe der armen Seelen nicht mehr. Der Ort eignet sich aber hervorragend für ein Picknick mit beeindruckender Aussicht.

☺ Ein sehr interessantes Video aus dem Höhleninneren finden Sie auf der Website der Tageszeitung Faro de Vigo unter http://www.farodevigo.es/portada-o-morrazo/2014/09/26/baja-buraco-do-inferno-ons/1101347.html.

Sie gehen vom Burato do Inferno wieder zurück auf den Hauptweg, halten sich dort links und folgen dem breiten Weg Richtung Norden. Nach 1,7 km führt eine unscheinbare und nicht markierte Abzweigung nach rechts über einen Feldweg zum touristisch so gut wie nicht frequentierten ♜ **Castro As Hortas ❸**, einem großen, markanten Hügel, den Sie – im ehemaligen keltischen Burggraben – umrunden. Bis heute wurden an dem historischen Ort aufgrund mangelnder finanzieller Mittel keine Ausgrabungen durchgeführt – eine Besichtigung des Castros ist daher nicht möglich.

Interaktive astronomische Schautafel und Blick auf das verwilderte Castro im Hintergrund

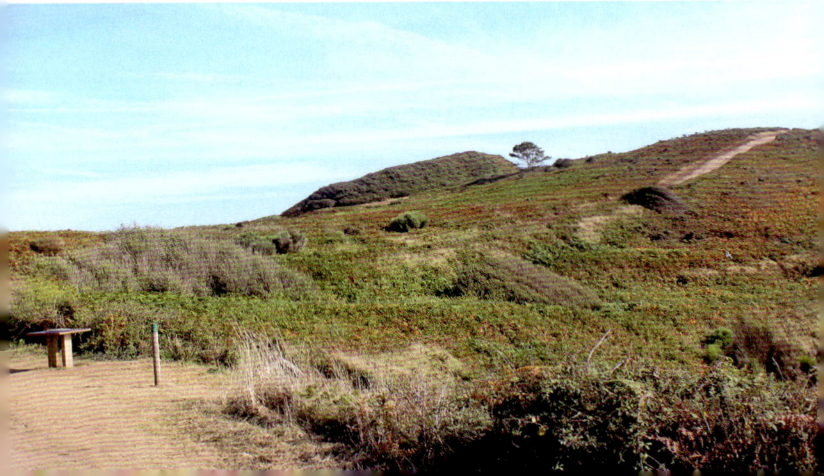

Die Legende der goldenen Schnecken

Vor langer Zeit diente ein armer galicischer Fischer aus dem Dorf Arousa seinen Militärdienst in Afrika ab, als er zufällig ein paar Araber belauschte, die sich über sein Heimatland Galicien unterhielten. Der Seemann kam mit den beiden Arabern ins Gespräch, die ihm erzählten, dass es auf der Insel Ons bei einem Castro einen geheimnisvollen Brunnen mit Schnecken aus Gold gäbe. Nach Abschluss seines Militärdienstes kehrte der Fischer nach Galicien zurück. Er beschloss, mit seinem Fischerboot auf die Insel Ons zu fahren und der Geschichte nachzugehen. Tatsächlich fand er den Brunnen im Castro, von dem ihm die Araber erzählt hatten, kehrte mit Taschen voller Gold zurück nach Hause und lebte von da an in Saus und Braus.

Zurück auf dem Hauptweg kommen Sie bald zu einer Weggabelung, bei der sich eine **interaktive astronomische Informationstafel** zur Sternenbestimmung befindet.

☺ Da die Insel kaum lichtverschmutzt ist, lohnt es sich, an diesem Ort in der Nacht Sterne zu beobachten, falls Sie auf der Insel übernachten – vor allem in den Sommermonaten werden Sie hier mit Sicherheit Sternschnuppen sehen!

Sie verlassen den grün markierten Weg, biegen also nicht nach rechts ab, sondern gehen stattdessen geradeaus hinauf und halten sich bei der nächsten Weggabelung links. Ein Blick zurück macht die strategisch gute Position des Castros ersichtlich!

☺ Wenn Sie die Wanderung in zwei Etappen aufteilen oder auf dem Campingplatz einkehren wollen, biegen Sie nach ca. 700 m bei der **Wegkreuzung ❹** rechts ab, um zum Campingplatz bzw. zum Hafen zurückkehren. Ansonsten gehen Sie geradeaus weiter.

Camping Isla de Ons, http://www.campingisladeons.com, campingons@vioviajes.com, kleiner Kinderspielplatz Supermarkt und Restaurant tagsüber bei Campingbetrieb geöffnet

Folgen Sie einem breiten Feldweg Richtung Norden und biegen Sie bei der ersten Weggabelung nach rechts ab, um sodann links abzubiegen. Gehen Sie auf den von Weitem sichtbaren **Faro de Ons** zu. Beim Leuchtturm angekommen folgen Sie links einem Trampelpfad um den Leuchtturm herum (tragen Sie den

Kinderwagen auf diesem Stück oder umrunden Sie den Leuchtturm rechts). Bei einem Informationsschild biegen Sie nach links ab. Folgen Sie von nun an den roten Markierungen, zunächst an der Westküste der Insel entlang durch Farn- und Ginsterfelder mit spektakulärer Aussicht auf die Steilklippen der Insel und Blick auf die nahe gelegene Illa de Sálvora. Bei einer beschilderten Abzweigung (km 10,2) verlassen Sie den Hauptweg, biegen links ab und wandern zum nördlichsten Punkt der Insel, zur sagenumwobenen **Punta Centolo**.

A Santa Compaña, der Totenzug der Illa Ons

Nach dem galicischen Volksglauben erheben sich um Mitternacht die Toten, bevor eine Person sterben wird. Sie gehen in langen schwarzen Gewändern, das Gesicht mit Kapuzen verdeckt, jeder mit einer brennenden Kerze in der Hand, langsam und betend die Straßen entlang und läuten im Takt ihrer Schritte eine kleine Glocke. Nur jene Menschen, die als Kinder irrtümlich mit einer Letzten Ölung getauft wurden, können diese Santa Compaña sehen. Alle übrigen Menschen können die Santa Compaña zwar nicht sehen, aber riechen: Sie wird von einem starken Geruch nach brennendem Wachs begleitet. Stirbt jemand auf der Insel Ons, so macht sich die Santa Compaña stets von Noalla in Sanxenxo auf, schreitet durch einen geheimen Unterwassertunnel, dessen Eingang sich bei der Kapelle A Lanzada befinden soll (☞ Wanderung Nr. 7), betritt die Illa Ons über die Punta Centolo im Norden und wandert zum Friedhof. Hoffentlich begegnen Sie dieser nicht zufällig!

Zurück am Hauptweg gehen Sie weiter bis zur nächsten beschilderten Abzweigung (km 12,1) und hinunter zur **Praia de Melide ❺**.

☺ Vor allem vormittags, solange die Schiffe mit zahlreichen Tagestouristen noch nicht auf der Insel angelegt haben, findet man den wunderschönen Sandstrand meist einsam vor.

Nach einem Abstecher zur Praia de Melide gehen Sie auf einem holprigen und im Hochsommer etwas staubigen, breiten und unbefestigten Weg auf der Ostseite der Insel immer auf und ab durch Wälder und Wiesen mit wunderbarem Blick auf die Illas Cíes zurück zum kleinen Örtchen Ons – ignorieren Sie alle Abzweigungen nach rechts. Am kuriosen halb-offenen Kirchturm der Insel vorbei gelangen Sie auf die Hauptstraße. Hier biegen Sie nach links ab und gehen wieder hinunter zum Hafen.

7 Zur Halbinsel A Lanzada

Tour für Kulturinteressierte und Legendenliebhaber

Entlang kilometerlangen, wunderschönen Sandstränden wandern Sie bis zur sagenumwobenen Halbinsel A Lanzada, die einiges zu bieten hat: eine uralte Marienkapelle aus dem 12. Jh., Reste einer mittelalterlichen Festung, die Ausgrabungsstätte eines der ältesten Handelsplätze Galiciens und zahlreiche mystische Legenden. Durch die Dünenlandschaft geht es wieder zurück zum Ausgangspunkt.

Start/Ziel: Parkplatz Hotel Samar an der PO-317 auf der Halbinsel O Grove, GPS N 42°27.469' W 008°53.036'

8,8 km

ca. 2 Std. 30 Min.

164 m/164 m

0-31 m

Die Wanderung ist Teil des nicht markierten Weges Sendeiro Máxico de Lanzada. Der Rückweg verläuft teilweise entlang der 2. Etappe der Ruta Padre Sarmiento (markiert mit gelbem Pfeil und einem Kreuz von Santiago).

Der Hinweg verläuft an Sandstränden entlang, der Rückweg auf breiten Holzstegen, jeweils ohne Schatten. Beachten Sie, dass das Wandern über dem Sandstrand etwas anstrengender ist, als auf festem Boden zu laufen. Rechnen Sie daher genügend Zeit ein!

Einkehrmöglichkeiten beim Ausgangspunkt im Hotel Samar. Im Sommer sind zahlreiche chiringuitos (Strandcafés) entlang des Weges geöffnet.

schöne Aussichtsbank auf der Halbinsel Illote de Outeiriño (km 3,4), Picknicktische bei der Kapelle A Lanzada (km 4,5), zahlreiche Bänke entlang der Holzstege auf dem Rückweg

WC bei der Kapelle A Lanzada (km 4,5), im Sommer auch entlang der Holzstege (km 7,7 und 8,5)

zahlreiche Bademöglichkeiten am Weg

Die Wanderung wartet mit spannenden Sehenswürdigkeiten auf und ist auch für Familien mit kleineren Kindern empfehlenswert – suchen Sie zwischendurch Muscheln am Strand oder springen Sie ins klare Wasser!

Der Hinweg verläuft an Sandstränden entlang, an einer Stelle ist eine Treppe zu überwinden. Sind Sie mit dem Kinderwagen unterwegs, sollten Sie daher beim Hinweg die Sandstrände meiden und wie beim Rückweg über die breiten Holzstege spazieren.

Bei Badebetrieb dürfen Sie die Sandstrände mit Ihrem Hund nicht betreten. Laufen Sie daher sowohl hin als auch zurück über die Holzstege. In regelmäßigen Abständen finden sich Wasserstellen.

P Parkmöglichkeiten beim Ausgangspunkt

Bushaltestelle „O Grove – Empalme Lanzada" (500 m von km 7,7 entfernt, GPS N 42°27.298' W 008°52.398'): Mo-Fr stündliche Busverbindungen der Linien 9934, 9936 oder 9938 von und nach Pontevedra zwischen 7:30 und 20:00, am Wochenende seltener. Unterwegs kommen Sie am Hotel Delfín an einer Haltestelle der Linie 9936 vorbei, mit der Sie den Weg abkürzen können.

24-h-Taxi O Grove, ☏ 630 643 586

☺ Wenn Sie im Sommer unterwegs sind, lohnt es sich, früh aufzustehen. Während Sie außerhalb der Hochsaison die Strände von A Lanzada auch tagsüber menschenleer vorfinden können, füllen sich diese vor allem im Juli und August ab der Mittagszeit mit Tausenden Touristen und zahlreichen spanischen Stars, Sternchen und Politikern. Sogar der ehemalige König Juan Carlos I. verbringt seinen Urlaub oft in dieser Gegend.

Die Wanderung beginnt am Parkplatz des Hotels Samar.

✕ Hotel Samar, Restaurante La Cantina, Carretera San Vicente do Mar 9, 36980 O Grove, ☏ 986 738 378, Osterwoche bis Oktober täglich 9:00-0:00

Hinter dem Hotel führt eine Asphaltstraße zur **Praia A Lanzada**. Wandern Sie ca. 2,5 km an diesem idyllischen Sandstrand entlang Richtung Süden.

Wenn Sie mit dem Kinderwagen unterwegs sind, laufen Sie sowohl den Hin- als auch den Rückweg durch die Dünen. Überqueren Sie dazu die unterhalb des Hotels gelegene Brücke und folgen Sie dann den breiten Holzstegen.

Am Ende des Strandes führt ein breiter, asphaltierter Weg hinauf zu einem *chiringuito* (= Strandkiosk) (keine festen Öffnungszeiten). Oben angekommen biegen Sie gleich wieder rechts ab und folgen hinter einer Parkfläche einem kleinen Pfad hinunter zum Strand **Praia de Lapa**.

Nach ca. 450 m machen Sie nach rechts einen Abstecher auf die Landzunge **Illote de Outeriño das Lapas ❶**, auf dem sich eine der in Galicien immer populärer werdenden Aussichtsbänke befindet. Hier haben Sie einen traumhaften Blick auf die Kapelle A Lanzada. Früher befand sich hier eine Keltensiedlung.

Sie kehren anschließend zum Strand zurück und gehen auch den letzten Strandabschnitt, die **Praia Area Gorda**, aus, an dessen Ende eine Treppe hinauf zur Straße führt. Dieser folgen Sie weiter, um nach wenigen Metern bei einem Informationsschild rechts abzubiegen (km 3,8). Ein breiter, sandiger Weg führt vorbei am Wegkreuz ⌘ **Cruceiro da Lanzada** und den Resten der **Torre da Lanzada**, einer einst mächtigen Festung des Ritterordens von Compostela, die im 10. Jh. von Bischof Sisnando II von Iria errichtet

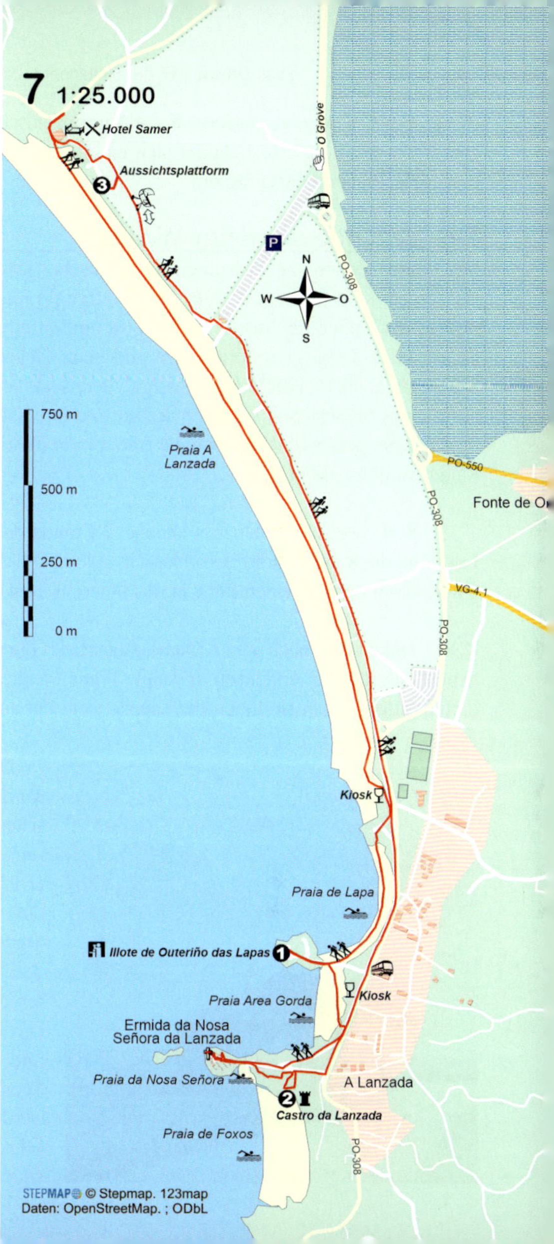

wurde, um O Grove vor arabischen und normannischen Angriffen zu schützen. Unterhalb der Burgreste befindet sich ein kleiner Sandstrand, die sagenumwobene **Praia da Nosa Señora**.

Die Legende der neun Wellen

Seit uralten Zeiten suchen Frauen die mystische Halbinsel A Lanzada auf, wenn sie sich ein Kind wünschen. Dabei ist ein strenges Ritual einzuhalten: Am Johannistag oder am letzten Sonntag im August um Mitternacht muss sich die Frau am Strand Praia da Nosa Señora baden und neun Wellen über ihren Bauch fließen lassen. Auf einer „Fruchtbarkeitswiege“ *(cuna de fecundidad),* einem Stein in Form eines Sessels, soll sie übernachten und ihren Wunsch, Mutter zu werden, deutlich aussprechen. Wenn sich die Frau an alle diese Vorgaben hält, soll sich ihr Kinderwunsch bald erfüllen.

Schließlich gelangen Sie zur Kapelle ✞ **Ermida da Nosa Señora da Lanzada**. Leider ist die Kapelle meist verschlossen. Allerdings können Sie durch ein kleines Guckloch in der Tür einen Blick in das Innere werfen.

☺ Halten Sie nach einer Dame Ausschau, die an manchen Tagen direkt neben der Kapelle Andenken verkauft. Wenn wenig los ist und Sie freundlich darum bitten, sperrt sie Ihnen die Kapelle vielleicht auf!

Kapelle A Lanzada

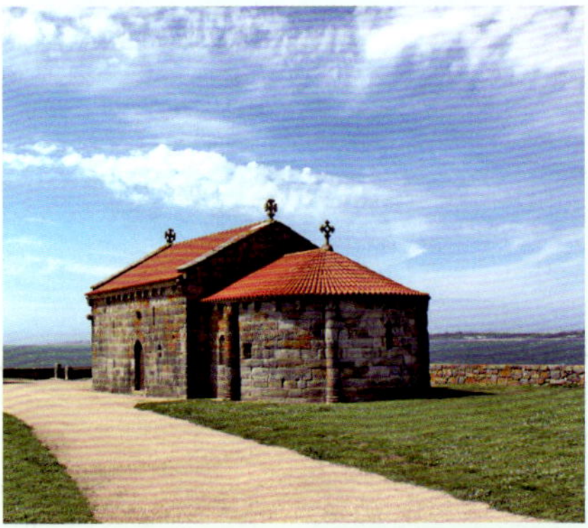

Die Kapelle A Lanzada wurde im 12. Jh. im romanischen Stil über einer noch älteren vorchristlichen Kultstätte errichtet. Über dem Altar befindet sich eine wunderschöne Marienstatue unter einer Figur des heiligen Martins. Im Inneren der Kapelle hängen zahlreiche kleine Repliken von Schiffen und Fischerbooten, die von Seemännern dort aufgehängt wurden, um eine sichere Rückkehr nach der gefährlichen Ausfahrt aufs Meer zu erbitten.

Es wird erzählt, dass man sich vor dem *mal de ollo*, dem „bösen Blick" der Hexen, und vor Verwünschungen schützen kann, wenn man dreimal mit einem Besen über den Altar der Kapelle fegt.

Hinter der Kapelle genießen Sie eine wunderbare Aussicht auf die Illa Ons, die Illote de Outeriño das Lapas und die Praia da Lanzada. Auf der grünen Wiese um die Kapelle stehen Picknicktische. Ein der heiligen Maria gewidmeter Brunnen spendet Trinkwasser. Außerdem befinden sich in unmittelbarer Nähe öffentliche Toiletten. Gegenüber dem Guckloch bei der Haupttür der Kapelle führt eine Treppe hinunter zum Meer.

Zwischen den Granitfelsen befinden sich nicht nur die bereits erwähnten „Fruchtbarkeitswiegen", man erzählt sich auch, dass von hier ein geheimnisvoller Tunnel zur ca. 5 km entfernten Illa Ons führt. Die *Santa Campaña*, der mysteriöse galicische Totenzug (☞ Wanderung Nr. 6), soll über diesen versteckten Tunnel von Sanxenxo nach Ons ziehen.

Bevor Sie den Rückweg antreten, besuchen Sie noch das südlich des Wegkreuzes Cruceiro da Lanzada gelegene **Castro da Lanzada ❷**. Dort sind zahlreiche Informationsschilder zur keltischen Ausgrabungsstätte aufgestellt.

Die Wallburg Castro da Lanzada (☞ Infos zu Castros bei Wanderung Nr. 1) wurde erst vor wenigen Jahren ausgegraben. Sie war mindestens seit dem 8. Jh. v. Chr. bewohnt. Hier befand sich die älteste bekannte Fabrik für Pökelfisch in Galicien, die seit dem 2. Jh. v. Chr. in Betrieb war. A Lanzada war dazumal einer der wichtigsten Handelsplätze der Gegend. Von hier aus wurden zahlreiche Produkte nach ganz Europa exportiert und reger Handel mit dem gesamten Mittelmeerraum betrieben. Bei den Ausgrabungen fand man beispielsweise punische Keramik und Halsketten aus dem Gebiet des heutigen Nordafrikas.

Nach einer Besichtigung des Castro da Lanzada gehen Sie wieder zurück zur Straße, biegen dort nach links ab und folgen dem breiten Holzsteg nach Norden.

☺ Falls Sie die Wanderung abkürzen wollen, nehmen Sie den Bus zurück: Vom Hotel Delfín (km 5,4) fahren ein paarmal am Tag Busse der Linie 9936 von Pontevedra kommend zur Bushaltestelle „Empalme Lanzada".

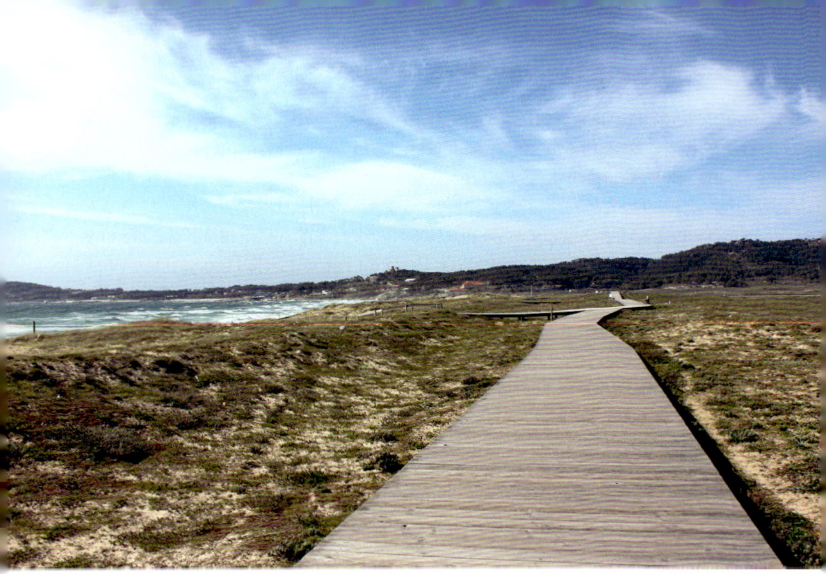

Holzsteg durch die Dünen von A Lanzada

Der Steg führt ca. 1,3 km zwischen Straße und Meer entlang, vorbei an einem Strandkiosk (keine festen Öffnungszeiten) und einem Rettungsschwimmerhäuschen bis zu einer kleinen Surfschule (km 6,3). Ab hier verläuft der Weg durch die Stranddünen. Gehen Sie immer geradeaus und ignorieren Sie die Abzweigungen nach links (Zugänge zum Meer) und nach rechts.

Die Dünenlandschaft gehört zum Complexo Ons – O Grove, einem **Vogelnaturschutzgebiet**. Bitte betreten Sie die Dünen nicht und bleiben Sie auf den Holzstegen!

Den gesamten Holzsteg entlang finden Sie in regelmäßigen Abständen zahlreiche Sitzbänke. Bei km 7,7 befindet sich neben einem großen Parkplatz ein im Sommer äußerst beliebter, großer Strandkiosk (keine festen Öffnungszeiten) mit öffentlichen Toiletten.

Kurz vor Abschluss der Wanderung biegen Sie bei km 8,3 links ab auf eine **Aussichtsplattform** ❸, von der aus Sie einen wunderbaren Blick zurück bis zur Kapelle A Lanzada haben, und kehren dann auf den Hauptweg zurück. Nach wenigen Hundert Metern gelangen Sie wieder zurück zum Hotel Samar und zum Ausgangspunkt.

8 Auf der Halbinsel O Grove

WC

Tour für Strandliebhaber und Bewunderer bizarrer Felsformationen

Sie wandern entlang der Westküste der Halbinsel O Grove von einem bezaubernden Sandstrand zum nächsten und vorbei an surrealen Steinblöcken bis zum in den Sommermonaten beliebten, quirligen Urlaubsort San Vicente do Mar. Durch das Landesinnere geht es wieder zurück zur Punta Moreiras, wo Sie die Wanderung mit einem Besuch im Aquarium oder im Fischereimuseum ausklingen lassen können.

Start/Ziel: Parkplatz Museo da Salgadeira auf der Halbinsel Punta Moreiras im Ortsteil Reboredo auf der Halbinsel O Grove, GPS N 42°29.175' W 008°53.435'

16,8 km

ca. 4 Std.

308 m/308 m

0-84 m

überwiegend ohne Markierungen, abschnittsweise entlang der mit weiß-gelben Balken markierten PR-G 115 und 116

Die Wanderung führt abwechslungsreich über breite und schmale Pfade, teilweise über asphaltierte Straßen, teilweise über Sandstrände und immer wieder durch schattige Wälder.

Entlang des Weges gibt es zahlreiche Einkehrmöglichkeiten – vom günstigen Strandkiosk bis zum gehobenen Restaurant ist für jeden etwas dabei!

Sitzbänke und Picknicktische in regelmäßigen Abständen

WC Bei zwei Sandstränden finden Sie Duschen und Toiletten, die aber nur in den Sommermonaten geöffnet sind (km 0,9, km 3,7).

Kleiner Supermarkt beim Campingplatz nahe dem Ausgangspunkt (km 16,4). Auch in San Vicente do Mar gibt es etwas abseits der Route ein paar Supermärkte.

zahlreiche Bademöglichkeiten entlang des Weges

Besonders der erste Teil der Wanderung ist für Kinder bestens geeignet. Im Skulpturengarten können sie verschiedene Steinfiguren suchen – wer findet den Wal? Und wo hat sich die Schildkröte versteckt? Der Sand der Strände um San Vicente eignet sich bestens, um große Sandburgen zu bauen! Falls die Tour Ihren Kindern zu weit ist, können Sie sich von San Vicente per Taxi wieder zurück zum Ausgangspunkt bringen lassen. Besuchen Sie nach Abschluss der Wanderung das Aquarium oder das Fischereimuseum. Die Wanderung verläuft an manchen Stellen entlang Fahrstraßen. Zweimal sind gefährliche Straßen zu queren. Seien Sie hier vorsichtig!

Es ist nicht die gesamte Wanderung für Buggys geeignet. Mit dem Kinderwagen können Sie aber über den Panorama-Holzsteg von San Vicente bis zur Praia Canelas und wieder zurück spazieren (km 8,7-10,7). Auch die Strecke vom Ausgangspunkt bis zur Praia dos Franceses (km 0-5,2) lässt sich trotz sandiger Pfade mit etwas sportlichem Ehrgeiz mit dem Buggy bewältigen.

Der Weg bis San Vicente ist gut für Hunde geeignet. Es gibt immer wieder Trinkgelegenheiten. Zwischen km 11 und 13,1 führt die Wanderung an Badestränden entlang, die Sie mit Ihrem Hund nicht betreten dürfen. Entweder Sie gehen stattdessen auf dem Gehweg der PO-317 entlang, bis Sie bei km 13,1 wieder auf die Wanderroute stoßen, oder es bietet sich alternativ aber auch an, von San Vicente (Restaurant El Pirata, km 10) ca. 3 km durch das Landesinnere zurück bis zum Adro Vello über wenig befahrene Fahrstraßen zu wandern und von dort den vom Hinweg bekannten Weg wieder zurück zum Ausgangspunkt einzuschlagen.

P Parkmöglichkeiten beim Ausgangspunkt

24-h-Taxi O Grove, ☏ 630 643 586

Sie parken beim Parkplatz neben dem **Museo etnográfico de la pesca y la salazón** auf der Halbinsel Punta Moreiras, direkt gegenüber dem Fischerhafen Meloxo. Unter der Woche herrscht dort reger Fischereibetrieb – Sie können traditionelle Fischerboote beim Ein- und Ausfahren bestaunen und am Vormittag finden gut hörbar die Versteigerungen des täglichen Fangs statt.

Auf der Punta Moreiras befand sich einst ein keltisches Castro (☞ Wanderung Nr. 1), das heute nur noch erahnt werden kann. Auch die Römer nutzten die strategisch gut gelegene Halbinsel als Fischereihafen. Später wurden auf der Halbinsel Pökel- und Sardinenfabriken errichtet. Ein paar der Fabriken sind heute noch erhalten und wurden in ein Museum umgewandelt, das Sie besuchen können.

⌘ Museo etnográfico de la pesca y la salazón, Punta Moreiras, 36988 O Grove, Di-So 10:00-15:00 und 16:00-21:00

Westlich des Parkplatzes führt ein unbefestigter Wanderweg durch den ⌘ **Skulpturengarten** Conxunto esculptorico de Punta Moreiras (₳). Hier wurden Steinfiguren aufgestellt, die mit der Fischerei und dem Meer im Zusammenhang stehen: Meerestiere, Fischereiutensilien, Fischer bei der Arbeit und sogar eine Meerjungfrau finden Sie über den Garten verteilt! Der Wanderweg führt an der Rückseite des Aquariums vorbei.

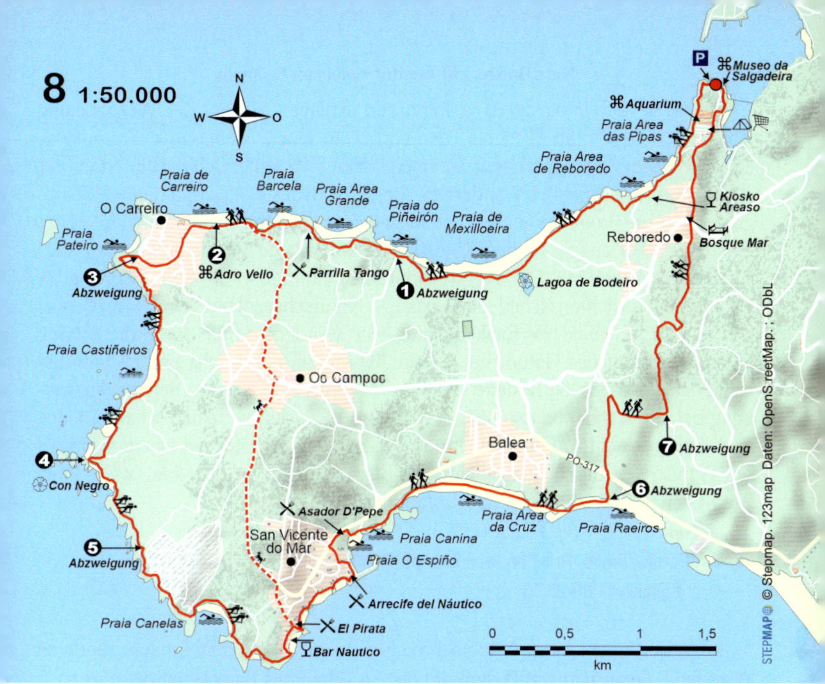

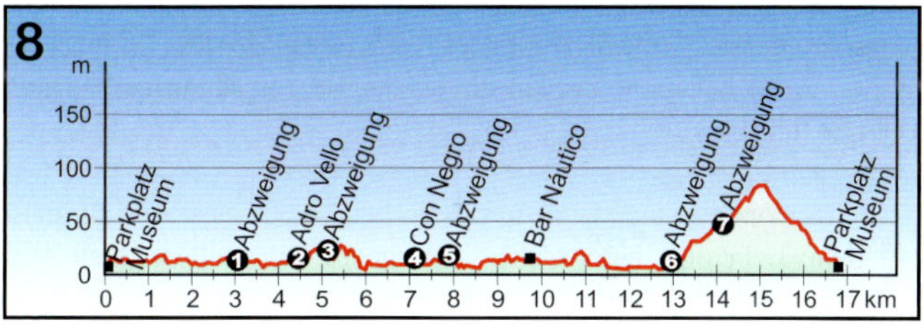

Der Weg mündet in eine breite, unbefestigte Straße, der Sie weiter geradeaus folgen. Sie gehen an den Stränden **Praia Area das Pipas** (hier gibt es im Sommer auch öffentliche Toilette) und **Praia Area de Reboredo** vorbei. Auf dem Weg kommen Sie an mehreren Einkehrmöglichkeiten vorbei, besonders lohnenswert ist der Kiosko Areaso.

Kiosko Areaso, Praia Area de Reboredo, 36989 O Grove, ☏ 647 877 154,
täglich 12:00-0:00

Am Ende der Praia de Area Reboredo schlagen Sie bei der **Weggabelung** (km 1,1) den rechten Weg ein, der vorbei an einem weiteren Strandkiosk (keine festen Öffnungszeiten) zu einem kleinen Parkplatz führt. Hier endet der breite Weg. Ein schmaler Wanderweg führt geradeaus weiter durch einen Schilfgürtel und an Brombeerhecken entlang zu einer kleinen Sandbucht und weiter zum über 1 km langen, weißen Sandstrand **Praia de Mexilloeira**, der bei Kitesurfern sehr beliebt ist. Der Weg verbreitert sich und führt am Strand entlang bis zu einem Informationsschild über das Naturschutzgebiet Ons – O Grove, neben dem sich eine Bank befindet. Sie wandern weiter durch die schöne Dünenlandschaft des Naturschutzgebiets, vorbei an der 1,5 ha großen Süßwasserlagune **Lagoa de Bodeiro** bis zur **Praia do Piñeirón**. Bei der **Abzweigung bei km 3,1 ❶** verlassen Sie den breiten Weg, der hier einen scharfen Knick nach Süden macht, und gehen stattdessen geradeaus weiter auf einem schmaleren Wanderweg durch den Pinienwald. Bald gelangen Sie zur **Praia Area Grande** und kommen zum Restaurant Parrilla Tango.

Parrilla Tango, Praia de Area Grande, 36988 O Grove, ☏ 986 738 406,
täglich 11:00-23:00

Beim Restaurant biegen Sie nach rechts ab und folgen dem breiten, sandigen Weg durch den schattigen Pinienwald bis zur **Praia Barcela** mit der malerisch gelegenen ehemaligen Pökelfabrik, die zu einer beschaulichen Sommerresidenz umgebaut wurde. Schließlich mündet der Weg bei der **Praia de Carreiro** in eine wenig befahrene Asphaltstraße, die Sie zur ⌘ **Ausgrabungsstätte Adro Vello ❷** führt.

Bei der Ausgrabungsstätte Adro Vello befand sich einst eine altrömische Stadt aus dem 3. Jh., die bereits über ein eigenes Kanalisationssystem verfügte. Im 6./7. Jh. wurde eine westgotische Kirche im Stadtzentrum errichtet und unweit davon ein großer Friedhof mit über 4.000 Gräbern angelegt. Im frühen Mittelalter wurde über die einstige Stadt eine Burg erbaut. Der Ort wurde während der Zeit der nicht enden wollenden Wikingerangriffe im 10. Jh. verlassen, geriet im Laufe der Jahrhunderte in Vergessenheit und wurde erst im 20. Jh. im Zuge eines Straßenbauprojekts zufällig wiederentdeckt. Bei den Ausgrabungstätigkeiten fand man unter anderem auch eine Münze aus dem 12. Jh., auf dem die Überstellung des heiligen Apostel Santiago von Israel nach Galicien dargestellt ist. Möglicherweise handelt es sich um die älteste noch erhaltene derartige Darstellung – die Münze kann im Museo das Peregrinacions in Santiago de Compostela bewundert werden.

Bei einem etwas weiter westlich gelegenen *hórreo* (= Kornspeicher) macht die Straße einen Knick nach links. Sie folgen der Straße weiter, ignorieren alle Abzweigungen, bis Sie kurz vor der **Praia Pateiro** bei der **Abzweigung bei km 5,2 ❸** nach links abbiegen und zu einem Wendeplatz gelangen. Von hier führt ein schmaler Wanderpfad an der Küste entlang Richtung Süden. Der Weg führt an ersten bizarren Felsformationen vorbei bis zu einem alten **Militärwachturm**, der in den 80er-Jahren zur Bekämpfung der hiesigen Drogenmafia errichtet wurde. Unmittelbar hinter dem Turm führt ein schmaler, mit einem roten Punkt markierter Wanderweg durch Ginsterfelder und endet schließlich bei einer Sandbucht. Hier kreuzen Sie den Langstreckenwanderweg Padre Sarmiento.

Wanderweg unterhalb des Militärgeländes

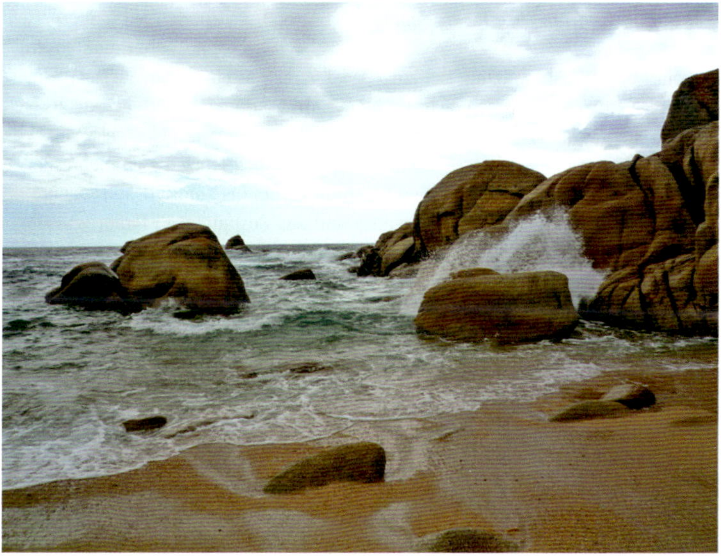

Ignorieren Sie das erste Schild, das ins Landesinnere zeigt, und folgen Sie stattdessen dem sich 70 m weiter südlich befindlichen zweiten Schild (km 6,1). Wenige Meter weiter zeigt ein Wegweiser die Richtung „Con Negro PR-G 116“ an. Folgen Sie der weiß-gelben Markierung bis zum Strand **Praia Castiñeiros** und weiter bis zum Felsen **Con Negro ❹**.

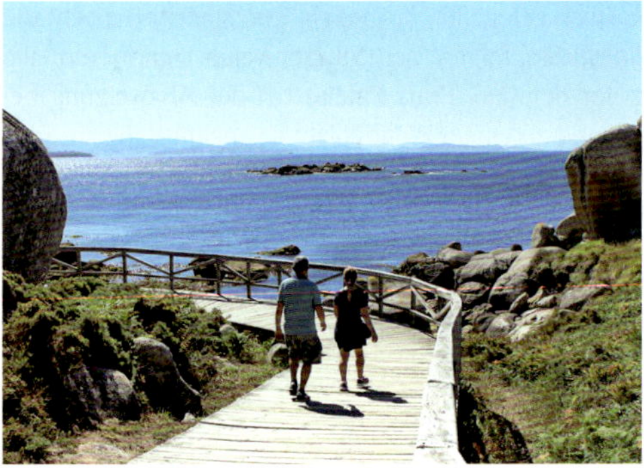

Panoramaweg San Vicente do Mar

Vor den eindrucksvollen Felserhebungen des Con Negro biegen Sie nach links ab. Den weiß-gelben Markierungen folgend und alle Abzweigungen nach links ignorierend wandern Sie über schmale Wanderwege durch Ginster- und Erikaheiden und vorbei an wunderlichen Felsfiguren. Sie nähern sich einer abgezäunten Militärzone. Bei der **Abzweigung bei km 7,9** ❺ verlassen Sie die markierte Wanderroute PR-G 116, biegen also nicht nach links ab, sondern wandern geradeaus weiter zwischen Militärzone und Ufer, bis Sie zur **Praia Canelas** gelangen. Von hier führt ein wunderschöner Panoramaweg über einen Holzsteg an mehreren Sitzbänken, Picknicktischen und Sandbuchten vorbei bis zum Ort San Vicente do Mar. Sie passieren dabei die Bar Náutico und das Restaurant El Pirata.

Bar Náutico, Playa de la Barrosa s/n, 36988 San Vicente do Mar, ☏ 986 738 220, www.elnautico.org, täglich 12:00-4:30

Restaurant El Pirata, Calle Barrosa s/n, 36988 San Vicente do Mar, ☏ 986 738 313, täglich 13:00-0:00

Wenn Sie mit dem Hund unterwegs sind und die Sandstrände nach San Vicente meiden wollen, können Sie über folgenden Alternativweg zurückwandern: Biegen Sie beim Restaurant El Pirata links ab. Folgen Sie links den wenig befahrenen Fahrstraßen PO-317 bzw. EP-9101 immer Richtung Norden bis zum Ortsteil O Campos und weiter zur Ausgrabungsstätte Adro Vello. Von dort gehen Sie auf dem vom Hinweg bekannten Weg rechts zurück zum Ausgangspunkt.

Beim **Restaurant El Pirata** biegen Sie nach rechts ab und kommen zu einem ⌘ **Denkmal**, das den freiwilligen Helfern des **Tankerunglücks Prestige** im Jahr 2002 gewidmet ist.

Am 19.11.2002 sank das Tankerschiff Prestige vor der Küste Galiciens. Der Schiffsunfall hinterließ folgenschwere Schäden. 2.900 km der spanischen und französischen Küste wurden mit 64.000 t Schweröl verschmutzt – ein Meer aus Öl färbte die weißen Strände innerhalb weniger Tage schwarz. Aufgrund anfänglicher politischer Untätigkeit wurde zwei Tage nach dem schrecklichen Unglück die Bürgerinitiative „Nunca máis" (= nie mehr wieder) ins Leben gerufen, die den größten Teil der Aufräumarbeiten organisierte. Zu Tausenden säuberten die Galicier monatelang und mit großem Einsatz die Sandstrände vom klebrigen und giftigen Öl. Ohne die vielen freiwilligen Helfer wären die Küsten Galiciens wohl immer noch schwarz. Heute sind die Küsten so gut wie ölfrei, aber die Umwelt wurde durch den Unfall langfristig und erheblich in Mitleidenschaft gezogen. Mindestens 250.000 Seevögel und unzählige Fische starben. Seit dem Unglück wurde ein signifikanter Brutrückgang zahlreicher Vögel verzeichnet.

Schließlich gelangen Sie zum Jachthafen von San Vicente mit der in Galiciens Fischerdörfern häufig anzutreffenden ⌘ **Skulptur einer Fischersfrau** mit Kind, die sehnsüchtig auf das Meer blickt, in der Hoffnung, dass ihr Mann wieder von der Ausfahrt zurückkommt. Hier befindet sich eine Einkehrmöglichkeit.

Arrecife del Náutico, Puerto Deportivo Pedras Negras s/n, 36988 San Vicente do Mar, O Grove, ☏ 986 738 443, täglich 10:00-23:30

Da man den **Jachthafen** nur als Mitglied queren darf, müssen Sie nun einen kleinen Umweg machen, um zu den Sandstränden O Espiño und Canina zu gelangen. Folgen Sie dazu der Fahrstraße zunächst steil hinauf und biegen Sie bei der ersten Möglichkeit nach rechts ab, bis Sie zur Hauptstraße PO-317 gelangen, der Sie kurz nach rechts folgen. Nach ca. 170 m liegt rechter Hand das **Restaurant Asador D'Pepe.**

Asador D'Pepe, Carretere La Lanzada 97 B, 36988 O Grove, ☏ 986 738 029, täglich 12:30-16:30 und 20:30-23:30

Hinter dem Restaurant Asador D'Pepe führt ein Weg hinunter zu den Stränden **Praia O Espiño** und **Praia Canina**. Die Wanderung führt nun fast 2 km lang entlang mehrerer im Sommer bei Familien beliebten Sandstrände Richtung Osten, zunächst an der Praia Canina entlang. Durch einen kleinen Pinienwald gelangen Sie zu den Stränden **Praia Area da Cruz** und **Praia Raeiros**.

In etwa der Mitte des Strandes Praia Raeiros biegen Sie bei einer **Abzweigung ❻** (km 12,9) nach links ab und folgen einem Holzsteg hinauf zur Hauptstraße PO-317, die Sie nun queren müssen.

Leider befindet sich hier weit und breit kein Fußgängerübergang. Seien Sie vor allem mit Kindern beim Überqueren der Hauptstraße besonders vorsichtig!

Sie folgen nun der gegenüberliegenden asphaltierten, wenig befahrenen Straße bergauf durch ein Wohngebiet und kommen an schönen Wohnsitzen vorbei zu einer Querstraße, bei der Sie rechts abbiegen. Folgen Sie der Fahrstraße weiter bis zur **Abzweigung bei km 14,3 ❼**. Hier verlassen Sie die asphaltierte Straße und zweigen auf einen unbefestigten Wanderweg nach links ab. Sie wandern durch Felder und Wälder bergauf.

Bleiben Sie stets auf dem Hauptweg und ignorieren Sie alle Abzweigungen.

Nach ca. 700 m mündet der Wanderweg in eine Asphaltstraße. Folgen Sie dieser kurz nach rechts steil hinauf und zweigen Sie bei der ersten Gelegenheit nach links auf eine kleine Nebenstraße ab, die durch einen schattigen Eukalyptuswald zurück zum kleinen Örtchen Reboredo führt.

Wanderweg

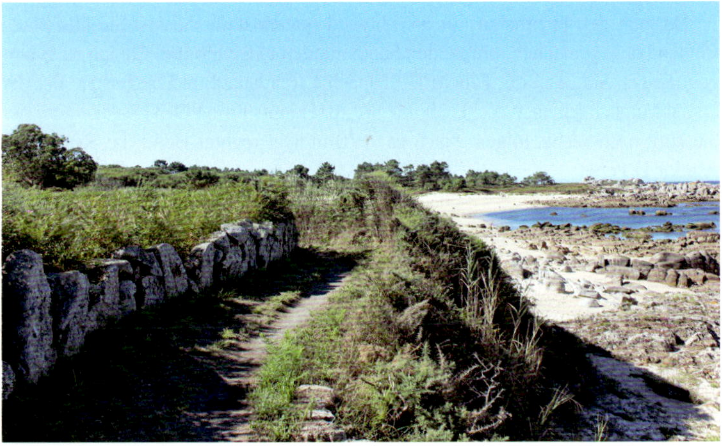

Die Legende des Tyrannen von O Grove

Vor vielen Hundert Jahren herrschte der Feudalherr Meco in O Grove und tyrannisierte sein Volk. Nach jeder Hochzeit machte er vom „Recht der ersten Nacht" Gebrauch und zwang die Braut, die Nacht mit ihm zu verbringen. Eines Tages verlor der Meco im Kartenspiel gegen einen jungen Bauern, woraufhin er dem Jungen sagte: „Freu dich heute, solange du noch kannst, morgen erfreu ich mich an deiner Frau!" Wutentbrannt erzählte der junge Mann dies seinen Nachbarn und sie beschlossen, der Tyrannei des Meco ein Ende zu bereiten und hängten den Feudalherren an einen Feigenbaum am Monte Siradella auf. Der Mord des reichen Meco kam natürlich vor Gericht. Die Richter, die jeden einzelnen Einwohner O Groves zu dem Mord befragten, erhielten jedoch von allen dieselbe unbefriedigende Antwort. „Wir alle haben ihn umgebracht!", gaben alle Befragten zu Protokoll. So sehr sich die Gerichtsdiener auch bemühten, drohten und zeterten – es gelang ihnen nicht, den Mörder ausfindig zu machen. Die Tat blieb daher ungeahndet und die Menschen in O Grove konnten endlich wieder in Frieden leben.

☺ Die Wanderung führt nahe am **Monte Siradella** vorbei. Nach der Wanderung empfiehlt es sich, dem spektakulären Aussichtspunkt einen Besuch abzustatten. Eine Fahrstraße führt fast bis zum Gipfel, der Sie mit einem Rundumblick über die gesamte Insel belohnt. Der Weg zum Aussichtspunkt Monte Siradella ist gut ausgeschildert.

Beim Hotel Bosque Mar queren Sie eine Hauptstraße (✋ kein Fußgängerübergang). Sie gehen weiter geradeaus, vorbei an einem 👪 ⛩ Kinderspielplatz, der Pension As Pipas, dem Campingplatz Moreiras mit einem täglich geöffneten kleinen 🛒 Supermarkt und dem Restaurant A de Roque, bis Sie wieder zum Ausgangspunkt gelangen.

✕ ☕ Restaurante A de Roque, Calle Reboredo, 36980 O Grove, ☏ 986 730 637, ✉ info@aderoque.com, 💻 aderoque.com, 🚪 täglich 11:00-23:30

Runden Sie Ihre Wanderung mit einem Besuch des **Aquariums** von O Grove oder einer Besichtigung des **Fischereimuseums** (☞ S. 62) beim Ausgangspunkt ab.

⌘ Aquarium O Grove, Punta Moreiras, 36988 O Grove, ☏ 986 732 327, 💻 http://acuariodogrove.es, 🚪 September bis Mai Mo-Fr 10:00-18:00, Sa, So, Feiertage 10:30-19:30, Juli, August täglich 10:30-20:30

⑨ Naturpark Carreirón auf der Illa de Arousa

Rundwanderung für Naturfreunde und Familien

Sie wandern entlang der langen, weißen Sandstrände der Illa de Arousa, erkunden den Naturpark Carreirón, können sich eine einsame Sandbucht für ein Strandpicknick suchen und eine Abkühlung im Meer gönnen.

Start/Ziel: Parkplatz AC Gratuito 24h gleich hinter der Brücke Porta da Illa da Arousa, GPS N 42°32.811' W 008°51.534

9,5 km

ca. 2 Std. 30 Min.

55 m/55 m

0-9 m

abschnittsweise markiert mit Holzpfosten und orangen Schildern mit der Aufschrift „Sendeiro"

überwiegend breite, sandige Wege, immer wieder durch kühlende Pinien- und Mischwälder

Einkehrmöglichkeiten entlang der Strandpromenade (z. B. Restaurant Evolet km 3,5) und auf dem Campingplatz Salinas (km 4,9). In den Sommermonaten bieten einige *chiringuitos* (Strandkioske) Erfrischungen und Snacks an.

Auf den ersten 2,4 km gibt es zahlreiche Sitzbänke neben dem Wanderweg. Im Naturpark laden Picknicktische zu einer Rast ein (km 4 und km 7).

WC öffentliche Toiletten beim Bademeisterhäuschen (km 0,2), nur in den Sommermonaten bei Strandbetrieb geöffnet

kleiner Supermarkt auf dem Campingplatz Salinas (km 4,9)

zahlreiche Bademöglichkeiten entlang des Weges

Der Weg ist sehr gut für Kinder geeignet. Der große Kinderspielplatz am Ausgangspunkt und die flach ins Meer verlaufenden Sandstrände werden kleine Kinder mit Sicherheit begeistern. Auch der Krokodilstein (km 2,2) ist ein Höhepunkt der Wanderung. Im Naturpark Carreirón können Sie den Weg jederzeit abkürzen, wenn Ihre Kinder keine Lust mehr haben. Sie erreichen den Eingang zum Naturpark fast immer in kurzer Zeit!

Der erste Teil des Weges bis zum Eingang des Naturparks (km 2,4) ist sehr gut für den Kinderwagen geeignet. Im Naturpark sind die Wege sandig und abschnittsweise holprig. Mit einem geländetauglichen Kinderwagen sind diese jedoch zu bewältigen. Lassen Sie den kurzen Abstecher zur Punta de Xastelas aus!

Die ersten 2,4 km der Wanderung bis zum Eingang des Naturparks sind auch für Hunde geeignet, es finden sich zahlreiche Wasserstellen bei den Strandduschen. In den Naturpark Carreirón dürfen Hunde aber nicht mitgenommen werden.

großer Parkplatz beim Ausgangspunkt

Wenn Sie in einer der Sandbuchten im Naturpark baden wollen, beachten Sie, dass man aufgrund der flach abfallenden Strände nur bei Flut ein richtig schönes Schwimmerlebnis hat. Bei Ebbe hingegen ist der Zugang zum Meer etwas mühsam; Sie müssen mitunter recht lange durch schlammigen Sand waten. Erkundigen Sie sich am besten im Voraus unter https://gezeitenfisch.com/es/pontevedra/villagarcia-de-arousa über die Gezeiten.

Der Ausgangspunkt, ein großer Parkplatz am östlichen Ende des Strandes **Praia O Bao**, liegt gleich hinter der Brücke Ponte da Illa de Arousa, die die Insel Arousa mit dem Festland verbindet. Östlich des Parkplatzes befindet sich ein großer Kinderspielplatz. Zahlreiche kleine Pfade führen vom Parkplatz zur Strandpromenade. Auf dem breiten Holzpfad wandern Sie dann Richtung Westen, immer am Strand entlang, wobei Sie am Bademeisterhäuschen mit öffentlichen Toiletten (nur im Sommer geöffnet!) und dem Restaurant Evolet vorbeikommen.

Restaurante Evolet, Illa de Arousa, Praia O Bao, Lugar do Bao 1, 36626 Illa de Arousa, keine festen Öffnungszeiten, bei Strandbetrieb meistens geöffnet; netter Gastgarten mit schöner Aussicht auf das Meer

Bis zum Eingang des Naturparks bei km 2,4 befinden sich in regelmäßigen Abständen Sitzbänke, Picknicktische und Strandduschen entlang des Wanderweges.

Nach ca. 500 m mündet der Holzsteg in einen unbefestigten, breiten Sandweg, der abschnittsweise mit Kopfstein gepflastert ist. Sie folgen dem Schild „Praia de Camaxe“ und kommen an einem Informationsschild über Vögel im Naturpark und den Campingplätzen El Eden und Salinas, auf dem Sie einkehren und einkaufen können, vorbei.

Bar und Laden auf dem Camping Salinas, Playa de Xestelas s/n, Barrio As Aceñas, 36626 Illa de Arousa, 15.05.-15.09. täglich bei Campingbetrieb geöffnet (kleiner Supermarkt bei der Rezeption)

Auf Höhe des Campingplatzes Salinas befindet sich auf der rechten Seite des Wanderweges ein großer Stein in Form eines Krokodils, der ⌘ **Con do Crocodilo** ❶. Sie wandern weiter entlang des Strandes **Praia das Salinas**, bis Sie zum Eingang des Naturparks Carreirón gelangen.

In den Naturpark dürfen Hunde leider nicht mitgenommen werden!

Bei der ersten Weggabelung halten Sie sich links und gehen dann immer am Ufer der **Praia de Xastelas** den breiten Sandweg entlang – ignorieren Sie die zahlreichen Abzweigungen nach rechts. Schließlich erreichen Sie die an der südlichsten Spitze der Insel gelegene **Praia Arnela**. Von der Praia Arnela aus führen drei Pfade weg. Der Fußsteig Richtung Westen verläuft im Nichts. Richtung Osten Sie führt ein schmaler Pfad zum ca. 70 m entfernt gelegenen Aussichtspunkt **Punta de Xastelas** ❷. Nach einem kurzen Abstecher dorthin (für den Buggy nicht geeignet) schlagen Sie den breiten, dritten Weg, der in Richtung Nordwesten führt, ein, bis Sie bei km 3,8 zu einer **Abzweigung** gelangen. Hier gehen Sie geradeaus, parallel zum Sandstrand **Praia de A Lameira**, durch einen Pinienwald und an einem im Schatten gelegenen Picknicktisch vorbei.

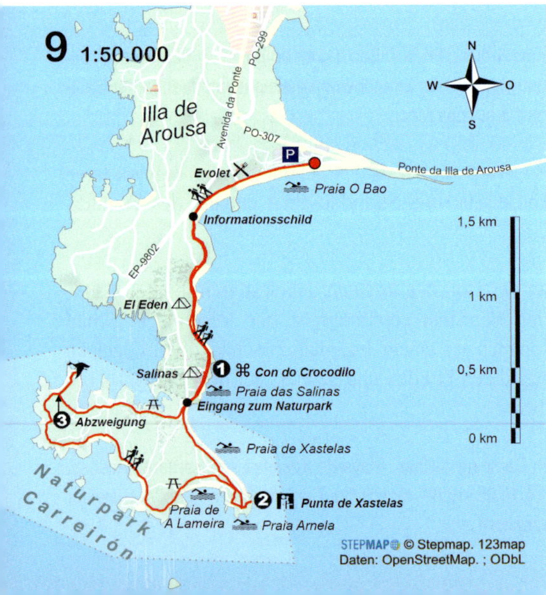

Die folgenden 150 m sind mit dem Kinderwagen eine kleine Herausforderung, da der Weg recht holprig und steindurchsetzt ist.

Zu Ihrer Linken befinden sich zahlreiche kleine Sandbuchten. Planen Sie eine Schwimmpause ein! Die sehr flach verlaufenden und geschützten Sandbuchten im Naturpark Carreirón sind besonders für Kinder geeignet.

Bald öffnet sich die Sicht auf die ca. 12 km südwestlich gelegene Insel Illa de Sálvora.

Die Legende der Familie Mariño

Es war einmal ein edler Ritter, der Don Froilaz hieß. Eines Tages fand er eine wunderschöne, aber stumme Meerjungfrau am Strand, in die er sich verliebte. Er nannte sie Mariña („im Meer Geborene"). Bald heirateten die beiden und Mariña schenkte dem Ritter einen Sohn, den sie Mariño tauften. Don Froilaz machte es sehr zu schaffen, dass seine Frau nicht sprechen konnte. Er suchte Rat bei einem Priester, der ihm vorschlug, eine starke Gefühlsregung bei Mariña auszulösen. Der Ritter wollte dies versuchen, schürte ein Lagerfeuer und als sich Mariña mit dem Sohn in den Armen dem Feuer näherte, entriss ihr Don Froilaz das Kind und tat so, als würde er es in das Feuer werfen. Tatsächlich schien die Täuschung zu funktionieren. Mariña erschrak so sehr, dass sie einen starken Hustenanfall bekam, ein Stück Fleisch ausspuckte und aufschrie: „Meu fillo!" („Mein Kind!"). Wie sich herausstellte, war das Stück Fleisch ein nicht menschliches Organ, das Mariña am Sprechen gehindert hatte.

☺ Haben Sie Lust auf ein Erlebnis der ganz besonderen Art? Kontaktieren Sie Isidro Mariño! Mit seinem wunderschönen, von ihm selbst restaurierten Fischerkutter A Chasula bietet er unvergessliche Ausflüge durch die Ría de Arousa an, unter anderem auch Fahrten zur Insel Sálvora, wo sich in Erinnerung an die Legende der Mariños die Statue einer Meerjungfrau befindet.

♦ ☏ 690 843 488, chasula@intramar.org, www.intramar.org

Nach kurzer Zeit kommt auch die 2 km nordwestlich gelegene, wunderschöne Sandinsel Areoso in den Blick.

☺ Sie können sich ein Kajak mieten und auf die paradiesische und archäologisch höchst interessante Insel paddeln! Infos dazu und eine detaillierte Wegbeschreibung mit Karte finden Sie auf der Verlagsseite unter folgendem Link:
www.conrad-stein-verlag.de/buecher-shop/galicien.

Halten Sie sich immer auf dem Hauptweg und gehen Sie stets geradeaus. Ignorieren Sie die Abzweigungen nach rechts, außer Sie wollen die Wanderung abkürzen – ☺ sämtliche Abzweigungen führen wieder zurück zum Eingang des Naturparks. Bei der **Abzweigung bei km 5,7 ❸** gehen Sie geradeaus und machen

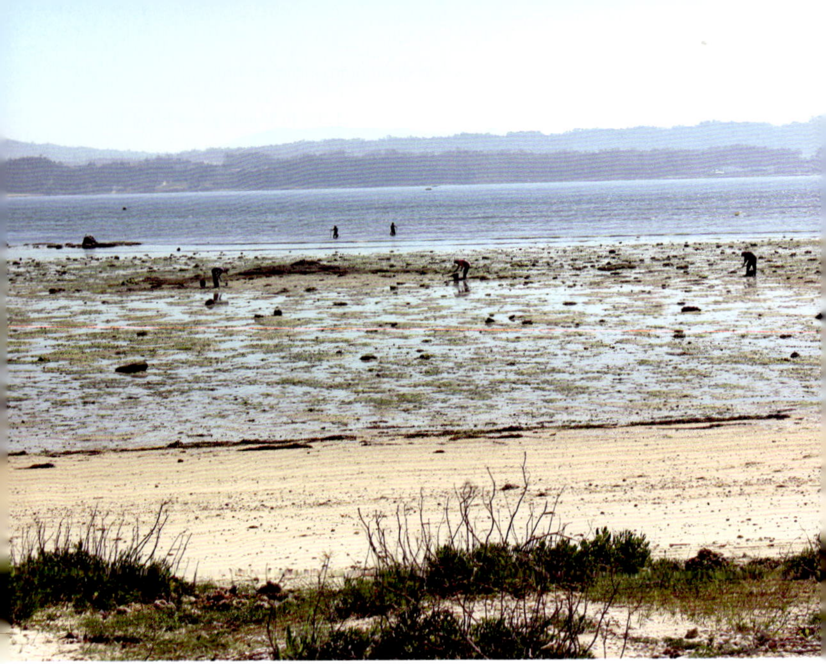

Muschelsucherinnen

einen kurzen Abstecher zu einer kleinen, verfallenen **Vogelbeobachtungsstelle**. Die vor Ihnen gelegene Bucht wird unter der Woche von heimischen Fischern und Muschelsuchern frequentiert – außer Möwen suchen die meisten anderen Vögel zu diesen Zeiten das Weite. Der beste Zeitpunkt zur Vogelbeobachtung ist daher in den frühen Morgenstunden oder in der Abenddämmerung. Zurück bei der Abzweigung ❸ biegen Sie links ab und gehen am Ufer entlang Richtung Osten. Sie kommen an mehreren im schattigen Mischwald gelegenen Picknicktischen vorbei, bis Sie wieder zum Eingang des Naturparks gelangen. Von dort gehen Sie am Strand entlang zurück zum Ausgangspunkt.

⑩ Über Stock und Stein in Ribeira

Rundwanderung für historisch Interessierte und ausdauernde Wanderer

Die anspruchsvolle Wanderung führt durch das Gemeindegebiet von Ribeira. Sie wandern vom Aussichtspunkt Pedra da Rá mit dem dahintergelegenen keltischen Castro da Cidá hinab zur Hafenstadt Ribeira und weiter entlang einer der größten Küstenfischereihäfen Europas und einer schönen Küstenpromenade zu den in einem Wäldchen gelegenen Steinritzungen Pedra das Cabras. Weiter geht es auf den Monte de San Alberto und zum eindrucksvollen Hügelgrab Dolmen de Axeitos. Entlang des romantischen Flusswanderweges Paseo Río Artes und durch ländliche Gegenden wandern Sie wieder zurück zum Ausgangspunkt.

Start/Ziel: Aussichtspunkt Pedra da Rá auf dem Monte Castro da Cidá westlich der Hafenstadt Ribeira, GPS N 42°33.599' W 009°00.919'

20,5 km

ca. 6 Std.

673 m/673 m

1-269 m

Zunächst entlang des ehemaligen PR-G 92 (teilweise mit weiß-gelben Balken markiert), km 11,2-17 entlang des gut beschilderten Paseo Río Artes, ab km 17 entlang des Senda Litoral Arousa Norte markiert mit Holzpfosten mit der Aufschrift „SLAN" Nr. P.026 bis Nr. P.032 (teilweise auch mit weiß-rosa Balken markiert). Besonders bei wichtigen Schlüsselstellen fehlen oft die Markierungen. Achten Sie an diesen Stellen gut auf die Beschreibung in diesem Wanderführer. Es ist etwas Orientierungssinn und Abenteuerlust gefragt!

abwechslungsreiche, breite und schmale, befestigte und unbefestigte Wege, die immer wieder durch schattige Wälder führen

zahlreiche Einkehrmöglichkeit entlang des Weges in Ribeira (km 3-5) und die Bar Casa Domitila in Artes (km 17,4)

Sitzbänke und Picknicktische beim Aussichtspunkt Pedra da Rá am Start/Ziel, beim Lavadoiro San Roque (km 1,9), entlang der Strandpromenade in Ribeira (km 3,5-5) und des Paseo Río Artes (km 11,2-17) sowie beim Dolmen de Axeitos (km 13)

mehrere Supermärkte in Ribeira (km 3,5-5)

Praia de Coroso in Ribeira (km 5)

Wandergeübte Kinder ab zehn Jahren werden auf dieser abwechslungsreichen Tour ihre Freude haben. Es gibt viel zu entdecken: Ein keltisches Castro, Felszeichnungen, ein imposantes Hügelgrab, einen Badestrand, eine alte Mühle und dazwischen immer wieder schöne Picknickplätze. Mit kleineren Kindern bietet sich folgende Alternative an: Parken Sie bei km 17 in Artes (GPS N 42°34.778' W 009°01.123') und spazieren Sie entlang des Paseo Río Artes bis zum Dolmen de Axeitos und wieder zurück (hin und retour ca. 8 km). Anschließend können Sie mit dem Auto zum Aussichtspunkt Pedra da Rá fahren und das Castro besichtigen.

Es ist nicht die gesamte Wanderung für den Kinderwagen geeignet. Mit dem Buggy können Sie aber entlang des Paseo Río Artes bis zum Dolmen de Axeitos spazieren (☞ Alternative für kleinere Kinder), wobei bei der Mühle (km 15,3) die schmale Steinbrücke ein Hindernis darstellen könnte. Auch die Strandpromenade in Ribeira (km 3,5-5) ist für den Kinderwagen geeignet – hier befinden sich mehrere Kinderspielplätze für kleinere Kinder.

Die Wanderung ist optimal für Ihren Hund geeignet, es gibt zahlreiche Wasserentnahmestellen. In Ribeira müssen Sie Ihren Hund anleinen.

P Parkplatz beim Ausgangspunkt

Es fahren täglich Busse von Santiago de Compostela nach Ribeira (www.arriva.gal). Die Bushaltestelle befindet sich beim Hafen (150 m südlich von km 3,5).

Stellen Sie Ihr Fahrzeug beim Aussichtspunkt **Pedra da Rá** auf dem Monte de A Cidá ab. Zunächst spazieren Sie auf den Gipfel des Berges zum **Castro da Cidá ❶** (☞ Infos zu Castros Wanderung Nr. 1) und genießen eine atemberaubende Aussicht auf das Naturschutzgebiet der Dünen von Corrubedo und die Lagune Lagoa de Carregal.

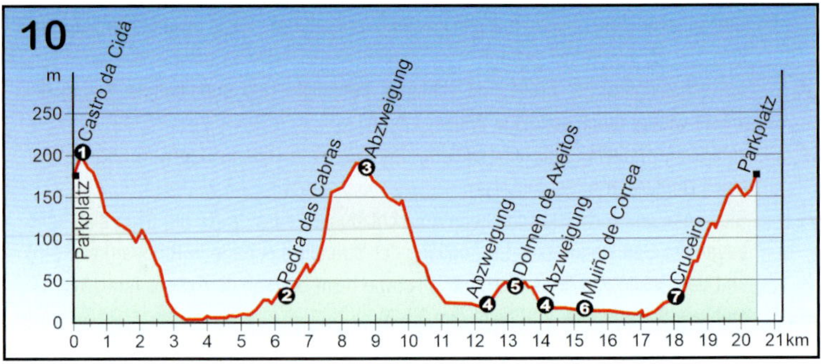

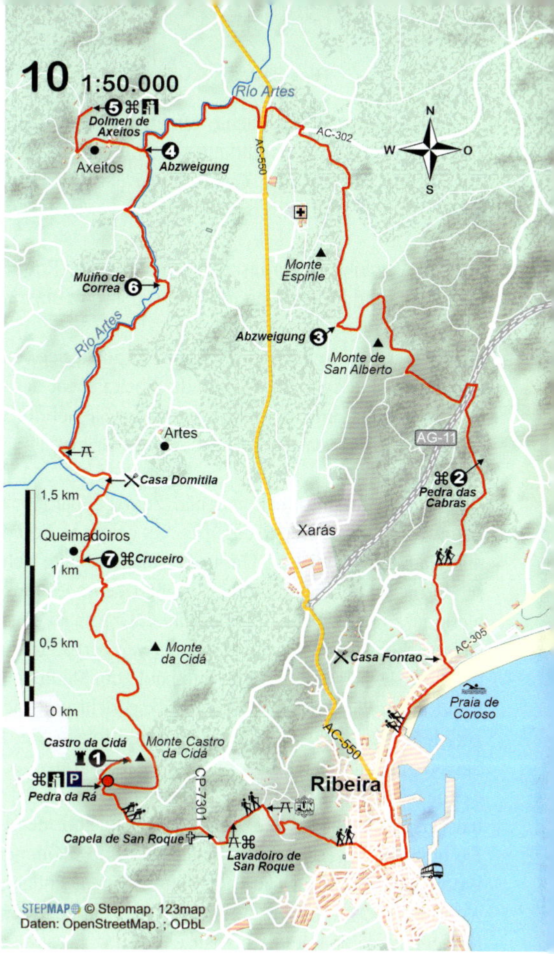

Unterhalb der Lagoa de Carregal soll sich die sagenumwobene Stadt Reirís befinden. Der Legende nach wurde diese von einem in seinem Stolz gekränkten *mouro* (☞ Wanderung Nr. 2) versenkt, da die Tochter des Königs von Reirís ihn nicht heiraten wollte. Noch heute soll die einzige Überlebende der Stadt, eine Sirene, in der Lagune leben. Wenn der Nebel aufzieht, hört man ihre Klagelaute.

Anschließend kehren Sie wieder um. Zurück beim Parkplatz führt ein mit weiß-gelben Balken markierter, unbefestigter Wanderweg bergab und mündet hinter einem Wasserbecken in eine kaum befahrene Asphaltstraße. Biegen Sie links ab und folgen Sie dieser Straße immer geradeaus, bis Sie zu einem Stoppschild gelangen. Die schmale Asphaltstraße mündet hier in die breitere Hauptstraße CP-7301. Queren Sie die Hauptstraße vorsichtig (✋ kein Fußgängerübergang!) und gehen Sie zur etwas weiter südöstlich an der Straße gelegenen kleinen Kapelle ✞ **Capela de San Roque** aus dem 18. Jh. Hier führt ein (nicht markierter) Wanderweg in den Wald und leitet Sie zum idyllisch gelegenen ⌘ **Lavadoiro de San Roque** mit vielen ⊼ Picknicktischen.

Lavadoiros sind überdachte öffentliche Waschplätze, die noch bis vor nicht allzu langer Zeit in Verwendung waren. Das kollektive Waschen folgte strengen Regeln und war für viele Galicierinnen ein gesellschaftliches Ereignis, bei dem allerlei Klatsch und Tratsch ausgetauscht wurde.

Der Weg führt weiter bis zum **Ecoparque San Roque**, einem Natur-Funpark mit Hochseilgarten für Familien mit vielen, teilweise überdachten Picknicktischen.

FUN Der Hochseilgarten war zum Zeitpunkt der Veröffentlichung des Wanderführers geschlossen. Die Gemeinde Ribeira sucht derzeit einen Pächter. Aktuelle Informationen zum Hochseilgarten finden Sie auf der Website der Gemeinde.
www.ribeira.gal (nur auf Spanisch oder Galicisch)

Bereits vom Informationsschild zum Ecoparque aus können Sie durch die Bäume eine etwas weiter unten rechts gelegene Sommerbühne neben zwei kleinen Häuschen erblicken. Um dort hinzugelangen, gehen Sie beim Informationsschild rechts und dann in einer großen Kehre durch den Ecoparque San Roque hinunter zu der kleinen Sommerbühne. Unterhalb der Bühne führt ein breiter, mit einigen Steinstufen versetzter Wanderweg bergab und mündet in einen Querweg, bei dem Sie sich rechts halten und bald zum Städtchen Ribeira gelangen. Rechter Hand liegen am Stadtrand das Bezirksgericht und die Polizeistation. Gehen Sie geradeaus weiter in die Stadt hinein und folgen Sie den Gassen immer bergab. Sie queren eine Straße, gehen ein paar Schritte nach rechts, dann nach links weiter bergab und kommen bald zu einem kleinen Park, hinter dem sich das Rathaus befindet. Biegen Sie an der östlichen Ecke des Platzes links ab und gehen Sie hinunter bis zum großen **Hafen**. Dort angekommen folgen Sie einem breiten Promenadenweg nach links Richtung Norden. Entlang des Weges befinden sich zahlreiche Einkehrmöglichkeiten, einige Supermärkte und Kinderspielplätze mit Sitzbänken.

Hinter dem Hafen beginnt der Strand **Praia de Coroso**. Biegen Sie gleich am Beginn des Strandes bei einem linker Hand gelegenen Kindergarten mit Kinderspielplatz (km 5) links ab und queren Sie die Hauptstraße Avenida Da Coruña beim Restaurant Casa Fontao.

Casa Fontao, Avenida Da Coruña 149, 15960 Ribeira, ☏ 618 610 171, casafontao@hotmail.com, www.casafontao.com, Di-Do, So 12:00-16:00, Fr u. Sa 12:00-16:00 und 20:00-23:30

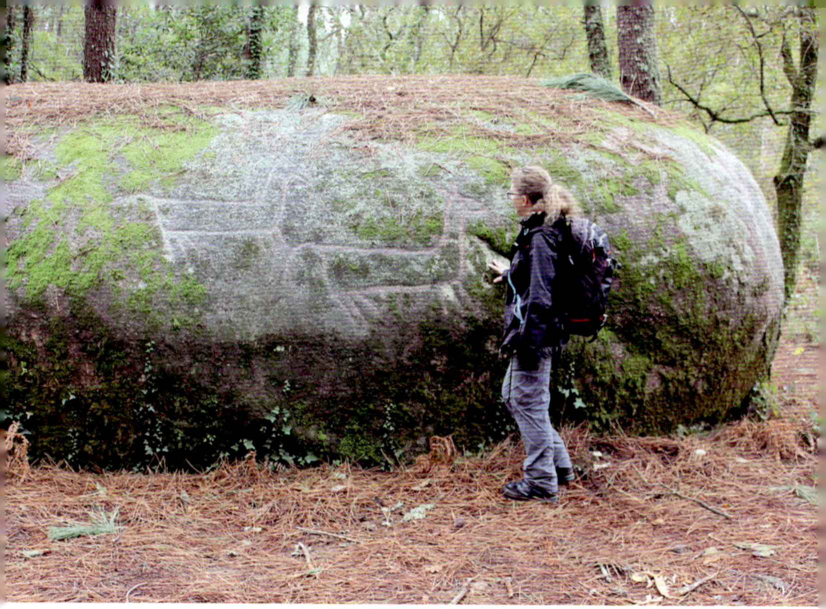

Petroglifo Pedra das Cabras

Rechts neben dem Restaurant führt die wenig befahrene Straße Estrada Dean Grande Richtung Norden, der Sie auf dem Gehweg weiter folgen. Bei der dritten Möglichkeit im nächsten Örtchen O Carballal biegen Sie rechts ab (km 5,6, vor dem Haus mit der Nummer 23). Bei der nächsten Weggabelung, etwa 100 m weiter nördlich, bleiben Sie auf der asphaltierten Straße und halten sich rechts. Etwa 250 m weiter gabelt sich der Weg erneut. Sie folgen der Beschilderung „Petroglifo Pedra das Cabras" nach links und gelangen bald in einen Wald. Folgen Sie dem Waldweg bis **km 6,3**. Rechter Hand und etwas abseits des Weges befindet sich ein großer, ovaler Stein mit den zwei eindrucksvollen Felszeichnungen **⌘ Pedra das Cabras ❷** (☺ die Petroglyphen sind leicht zu übersehen, da sie nicht beschildert sind!).

Nach einer Besichtigung der Steinritzungen folgen Sie dem Waldweg weiter geradeaus. Ignorieren Sie alle Abzweigungen nach links oder rechts, bis sich der Wald lichtet und die Autobahn AG-11 vor Ihnen auftaucht. Der Wanderweg führt auf der gegenüberliegenden Seite der Autobahn weiter und hinauf auf den **Monte de San Alberto**. Um dorthin zu gelangen, müssen Sie einen kleinen Umweg machen: Biegen Sie zunächst nach rechts auf den unbefestigten, neben der Autobahn verlaufenden Querweg ab und folgen Sie diesem Richtung Nordosten. Nach ca. 150 m führt ein breiter **Tunnel** unter der Autobahn hindurch. Auf der anderen Seite der Autobahn gehen Sie wieder ca. 150 m Richtung Südwesten zurück und biegen dann auf einen breiten, unbefestigten, sehr unebenen und mit weiß-blauen Steinpfosten markierten Weg ab, der steil bergauf führt und nach etwa 80 Hm in eine breite, unbefestigte Querstraße mündet. Folgen Sie dieser Querstraße nach rechts. Bleiben Sie auf diesem breiten Weg und ignorieren Sie alle Abzweigungen nach links und rechts. Sie wandern in großen Kehren weiter bergauf, vorbei an einem Motocross-Parcours. Nach der zweiten großen Kehre geht es wieder bergab. In der dritten großen Kehre biegen Sie bei der **Abzweigung ❸** (km 8,8, ☝ keine Markierung!) schließlich nach rechts ab und wandern auf einem breiten Weg leicht bergab, bis Sie vor sich eine große, rot-weiße Antenne erblicken. Etwa 50 m vor der Antenne führt der Wanderweg nach rechts in den Wald (km 9,8, ☝ keine Markierung! Abzweigung ist leicht zu übersehen!). Sie queren eine Fahrstraße (☝ kein Fußgängerübergang!) und folgen dem gegenüberliegenden Wanderweg wieder in den Wald. Bei der Weggabelung nach wenigen Metern (km 10,5) halten Sie sich links.

Entlang des Wanderwegs Paseo Río Artes

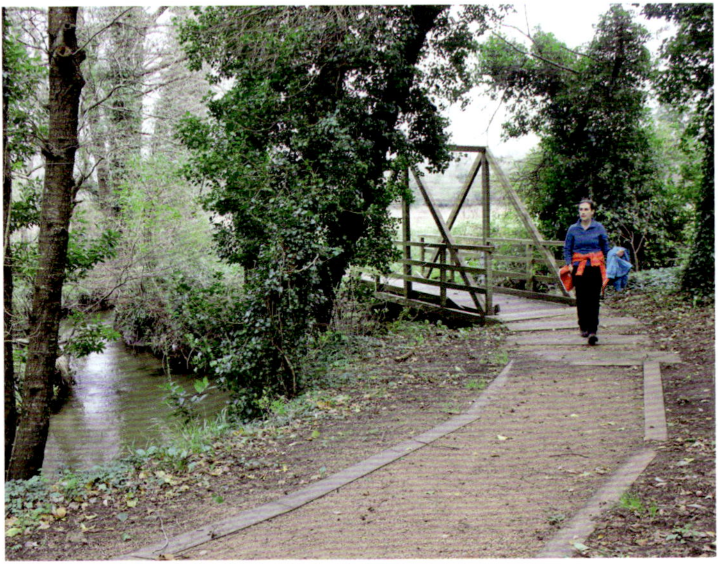

Der Waldweg mündet nach etwa 250 m in eine asphaltierte Straße etwas oberhalb der Fahrstraße AC-550. Sie biegen nach links ab und queren die AC-550 vorsichtig (☝ kein Fußgängerübergang). Folgen Sie dann der gegenüberliegenden schmalen Asphaltstraße, um gleich wieder nach rechts abzubiegen. Die asphaltierte Nebenstraße führt an einigen Häuschen vorbei bis zu einer Brücke über den Fluss Río Artes. Hier biegen Sie links auf den Wanderweg Paseo Río Artes ab und wandern nun immer entlang des kleinen Flüsschens.

Verlassen Sie bei der **Abzweigung bei km 12,3 ❹** (gleich hinter einer **breiten Steinbrücke** über das Bächlein Artes) den Wanderweg Paseo Río Artes und machen Sie den sehr lohnenswerten Abstecher zum Dolmen de Axeitos – ein ganz besonderes Highlight der Wanderung. Folgen Sie dazu dem Wiesenweg Richtung Westen bergauf zum Dorf Axeitos. Der Wiesenweg mündet nach etwa 200 m in ein Sträßchen, dem Sie nach links folgen. Nach weiteren 250 m biegen Sie nach rechts ab und folgen der Beschilderung zum ⌘ ⩩ **Dolmen de Axeitos ❺**.

Mouras

In allen europäischen Ländern, in denen es megalithische Denkmäler gibt, finden sich Sagen über die Herkunft dieser alten Bauwerke. In Galicien erzählt man sich, dass die Hügelgräber von *mouras*, geheimnisvollen, feenähnlichen weiblichen Fabelwesen (die mit dem Volk der *mouros* – ☞ Wanderung Nr. 2 – nichts zu tun haben), errichtet wurden. Die schönen Frauen mit langen Haaren, stets mit einem Spinnrad oder einem kleinen Kind im Arm, besitzen übermenschliche Kräfte und konnten so die tonnenschweren Felsblöcke der Dolmen aufstellen. Den Menschen zeigen sich die *mouras* fast nie, aber der Legende nach leben einige wenige heute noch in den Dolmen.

Gehen Sie wieder zurück zur Steinbrücke und folgen Sie dem Wanderweg Paseo Río Artes weiter Richtung Süden. Einmal müssen Sie eine Fahrstraße queren (☝ kein Fußgängerübergang!).

Sie wandern bis zur alten Mühle ⌘ **Muiño de Correa ❻**, queren den Fluss und gehen um den alten Mülleransitz herum und wieder zurück zum Río Artes. Der Wanderweg führt über Holzstege und unbefestigte Wanderwege bis zu einem ⩩ Rastplatz mit Picknicktischen und einem kleinen Outdoor-Bewegungsparcours.

✎ Um wieder zurück zum Ausgangspunkt zu gelangen, folgen Sie von nun an der Wanderroute Senda Literal Arousa Norte, die mit Holzpfosten mit der Aufschrift „SLAN“ markiert ist. Die Holzpfosten sind mit den Nr. P.026 bis P.032 nummeriert.

Zunächst führt der Weg entlang der Fahrstraße DP-7304 nach links und Sie wandern auf dem Gehweg Richtung Südosten. Bei der ersten Möglichkeit, gleich hinter der Bar Casa Domitila, biegen Sie nach rechts auf eine schmale Fahrstraße ab.

🍷 Bar Casa Domitila, Artes – Molinos, 15969 Ribeira, ☏ 676 038 118, täglich 10:00-23:00

Sie wandern durch den **Ortsteil As Bouciñas**, halten sich bei der Weggabelung rechts und gelangen nach **Queimadoiros**. Beim Wegkreuz ⌘ **Cruceiro ❼** in Queimadoiros biegen Sie nach links ab, dem Holzpfosten folgend, bis der Weg in eine breitere Fahrstraße mündet, die Sie vorsichtig queren (✋ kein Fußgängerübergang!). Ein paar Meter links versetzt führt ein mit einem weiteren Holzpfosten markierter Pfad in den Wald. Sie steigen steil bergauf, bis der Pfad in eine breite, unbefestigte Fahrstraße mündet. Folgen Sie dieser nach links. Weiß-rosa-farbene Markierungen helfen Ihnen ab hier bei der Orientierung. Sie wandern an einem Wasserspeicher vorbei und gehen bei einer weiteren Abzweigung geradeaus weiter. Schließlich mündet die Straße in eine asphaltierte Querstraße. Biegen Sie nach rechts ab und gehen Sie zurück zum Ausgangspunkt.

Monte Castro da Cidá ist Ausgangs- und Endpunkt der Wanderung

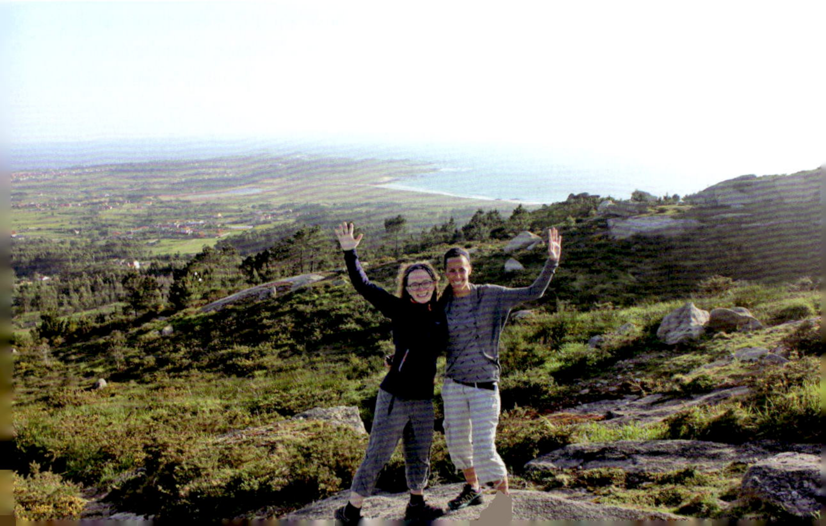

⑪ Zum Castro de Baroña und den Petroglifos de Gurita

Tour für Kulturinteressierte und Landschaftsgenießer

Die abwechslungsreiche Rundwanderung führt zunächst zum direkt am Meer gelegenen Castro de Baroña, der spektakulärsten Keltensiedlung Galiciens. Die Route verläuft sodann durch typische galicische Dörfchen mit traditionellen cruceiros (= Wegkreuze) und hórreos (= Kornspeicher) im Landesinneren bis zu den Felszeichnungen Petroglifos de Gurita. Durch Wiesen und Wälder geht es wieder zurück zur Küste und zu den beiden wunderschönen Sandstränden Praia do Dique und Praia Area Longa.

Start/Ziel: Parkplatz Café/Bar O Castro, 4 km südlich von Porto do Son an der AC-550, GPS N 42°41.659' W 009°01.498'

8,5 km

ca. 2 Std. 30 Min.

316 m/316 m

0-149 m

hellblau-rot markierte Route Castro de Baroña, hellblau-grün markierte Ruta do Arnela

Kurzweiliger Wechsel zwischen schmalen und breiten Wegen und Straßen. Bei km 7,3 sind umgestürzte Bäume zu umgehen, was problemlos möglich ist.

Erfrischungen gibt es im Café Castro beim Ausgangspunkt und bei km 6,2 in der Bar Insua. ☺ Nach der Wanderung empfiehlt sich ein Mittag- oder Abendessen im Restaurant Playa Arnela, dem besten Meeresfrüchte-Restaurant der Gegend, ca. 2 km nördlich vom Ausgangspunkt mit schöner Aussicht aufs Meer (☏ 981 854 131).

Hinter dem Café Castro befinden sich Picknicktische; außerdem eignen sich bei gutem Wetter die Petroglifos de Gurita (km 3,6), der Dorfbrunnen in Penas (km 4,4) und die Praia do Dique (km 7,2) als Rastplatz.

Praia do Dique (km 7,2), Praia Area Longa (FKK) (km 7,8)

Die Wanderung ist für Kinder ab sieben Jahren sehr gut geeignet und wartet mit zahlreichen spannenden Sehenswürdigkeiten auf. Mit etwas Glück sichten Sie Delfine! Vorsicht bei den ungesicherten steilen Klippen des Castro de Baroña. Zweimal ist während der Wanderung außerdem die Landstraße zu queren!

nicht für Buggys geeignet, da unebene, teilweise zu enge Pfade

Die Wanderung ist für Hunde geeignet. Nehmen Sie genug Wasser mit. In den Dörfern Baroña und Penas führt die Wanderung an Häusern mit recht aggressiven (aber angeketteten) Wachhunden vorbei.

P zahlreiche Parkmöglichkeiten beim Ausgangspunkt

Grupo Ferrín bietet täglich mehrere Busverbindungen von Noia nach Ribeira und retour an. Es gibt keine offizielle Haltestelle beim Castro, die Fahrer halten jedoch üblicherweise auf Wunsch (Fahrplan abrufbar unter www.grupoferrin.com/index.aspx, ☏ 981 873 643).

Hinter dem Parkplatz des Cafés O Castro führt ein kleiner Trampelpfad hinunter zum Meer.

Café/Bar O Castro, Castro de Baroña 18, 15979 Porto do Son, ☏ 981 767 430, Di-So 9:00-24:00

Nach ca. 150 m biegen Sie bei der **Weggabelung** rechts ab und folgen dem hellblau-rot markierten Weg an einer Steinmauer entlang, bis nach wenigen Metern das **Castro de Baroña ❶** vor Ihnen auftaucht. Das eisenzeitliche Castro (☞ Wanderung Nr. 1) ist eine der besterhaltenen keltischen Burgen Galiciens und besticht mit seiner imposanten Lage.

Sieht man das spektakuläre **Castro de Baroña** zum ersten Mal, kommen einem sofort die berühmten Einleitungsworte der Asterix-Werke in den Sinn: „Wir befinden uns im Jahr 50 v. Chr. Ganz Gallien ist von den Römern besetzt … ganz Gallien? Nein! Ein von unbeugsamen Galliern bevölkertes Dorf hört nicht auf, dem Eindringling Widerstand zu leisten …“ Es scheint, Goscinny und Uderzo haben sich bei ihren Geschichten um Asterix und Obelix am Castro de Baroña orientiert. Im Jahr 2011 wurde das Castro von der Xunta de Galicia (Regierung der autonomen Region Galicien) zum Kulturdenkmal erklärt, 2015 wurden die letzten Ausgrabungsarbeiten beendet. Es liegt auf einer kleinen, felsigen, zerklüfteten Halbinsel und erstreckt sich über eine Fläche von 23.000 m^2. Die Siedlung ist über eine sandige Landenge mit dem Festland verbunden und durch drei massive Mauern und mehrere dazwischenliegende Wallgräben geschützt. Innerhalb der Schutzwälle befinden sich 20 Ovalbauten. Auf den Steinplatten, die zur Ausgrabungsstätte führen, finden Sie alte Wagenradspuren – das Castro war während seiner Blütezeit ein gut frequentierter Handelsplatz.

Sie nähern sich dem Castro und gehen vorbei am ersten Informationsschild, passieren die Reste der drei Festungsmauern und erreichen durch den imposanten Eingang das Zentrum des Castros. Der Aufstieg zum **Aussichtspunkt** am höchsten Punkt des Castros (km 0,8) ist sehr lohnenswert – die Aussicht ist fantastisch und oft tummeln sich Delfine in den felsigen Meeresbuchten in unmittelbarer Nähe (Vorsicht, steile Klippen). Anschließend kehren Sie wieder um. Wieder zurück beim ersten Informationsschild angelangt gehen Sie über große Steinplatten zum Pinienwald hinauf und

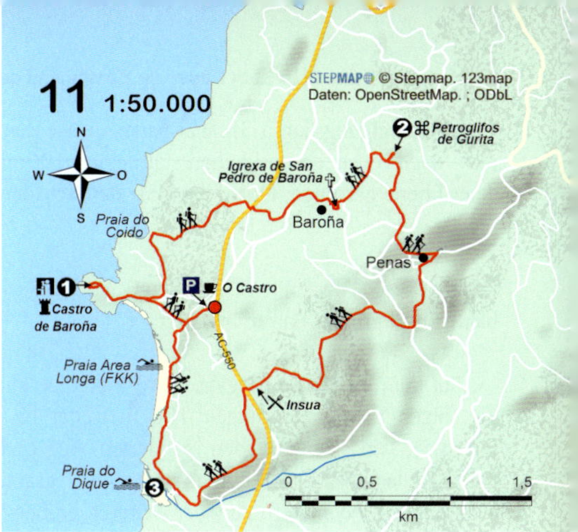

folgen am Waldrand angekommen von nun an dem hellblau-rot markierten Wanderweg nach links bis zur **Praia do Coido.** Am Fuße der Bucht biegen Sie nach rechts hinauf ab, gehen vorbei an einem zweiten Informationsschild und folgen den Markierungen weiter über einen Waldweg bis zur Hauptstraße. Diese überqueren Sie vorsichtig (kein Zebrastreifen!), folgen den Markierungen auf der gegenüberliegenden Straßenseite weiter und kommen nach ca. 300 m zum Dörfchen **Baroña**.

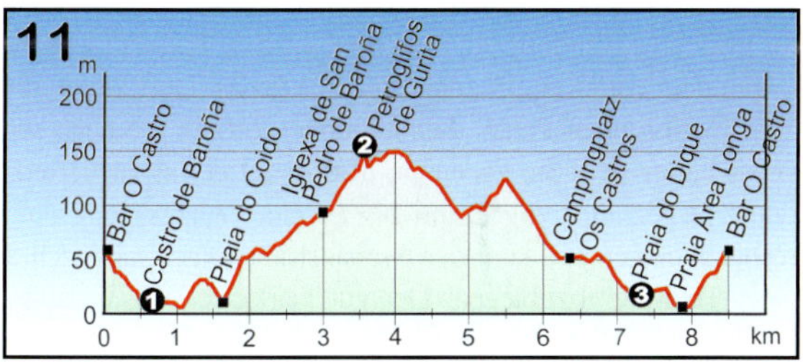

Vorbei am Wegkreuz ⌘ **Cruceiro dos Milagres**, an einigen typischen galicischen *hórreos* (= Kornspeicher) und am herrschaftlichen **Pfarrhaus** erreichen Sie schließlich die Kirche ✞ **Igrexa de San Pedro de Baroña**, eine dem heiligen Petrus gewidmete Kirche aus dem 12. Jh. mit einem typischen galicischen Friedhof. Gleich hinter der Kirche queren Sie die Fahrstraße und folgen dem Schild „Petroglifo de Gurita“ auf einer asphaltierten Seitenstraße ca. 200 m steil hinauf bis zu einer **Abzweigung** (km 3,3). Hier verlassen Sie den markierten Weg, biegen also nicht nach rechts ab und gehen stattdessen 100 m geradeaus weiter, bis Sie zu einer Ebene gelangen. Dort folgen Sie den Schildern „Petroglifo de Gurita" nach rechts.

✎ Dieser Abschnitt ist Teil der Wanderroute Ruta do Arnela und mit hellblauen und grünen Balken markiert.

Auf dem folgenden Wegabschnitt finden Sie immer wieder ⌘ Schalensteine. Sie folgen den Markierungen 100 m weiter bis zu einer großen **Steinplatte** (km 3,5), verlassen dort den markierten Weg und biegen nach links ab. Über einen steilen, nicht markierten Trampelpfad gelangen Sie nach ein paar überwundenen Höhenmetern zu einer weiteren großen Steinplatte mit den Felszeichnungen ⌘ **Petroglifos de Gurita ❷**. Die Petroglyphen befinden sich leider nicht im besten Zustand. Bei guten Lichtverhältnissen erkennen Sie aber zahlreiche Hirsche und auch ein paar Sonnen und Kreise. In jedem Fall eignet sich dieser Aussichtspunkt mit Blick auf die *ría* und das gegenüberliegende Fischerdorf Muros bestens für eine kurze Rast.

Sie gehen wieder zurück auf den markierten Weg und folgen weiter der hellblau-grünen Markierung, bis Sie zu einem links gelegenen, kleinen Steinhäuschen gelangen. Dort wandern Sie weiter geradeaus, verlassen damit den hellblau-grün markierten Wanderweg und folgen einem Wiesenweg, der wieder auf die hellblau-rot markierte Wanderroute Ruta do Castro de Baroña stößt, halten sich links und folgen dem Forstweg bis zum Dörfchen **Penas**. Dort führen die Markierungen bis zum **Dorfbrunnen Penas**. Beim Brunnen biegen Sie nach rechts ab und lassen Penas hinter sich. Sie gehen ca. 500 m auf der asphaltierten, aber kaum befahrenen Straße Richtung Tarrio bis zu einer **Abzweigung** (km 4,9), bei der Sie rechts abbiegen und kurz der Asphaltstraße folgen, um nach 50 m nach links auf einen Feldweg abzubiegen. Der gut markierte Weg verläuft über Wiesen- und Waldwege, bis Sie nach etwa 1 km zur Hauptstraße gelangen – linker Hand befindet sich eine Einkehrmöglichkeit.

✕ Bar Insua, Baroña 20, 15979 Porto do Son, ☏ 981 767 497, Mi-Mo 10:00-24:00 (zum Teil abweichende Öffnungszeiten)

Queren Sie vorsichtig die Hauptstraße (✋ kein Zebrastreifen).

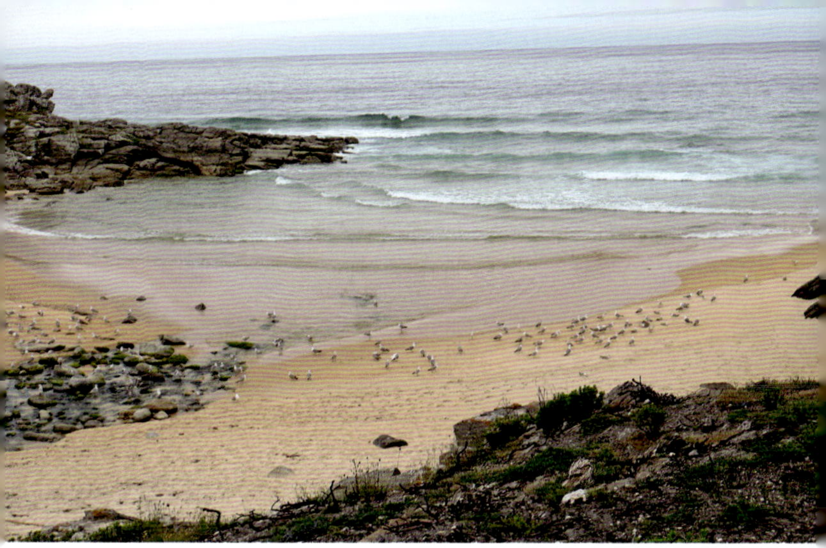

Praia do Dique

In den erhältlichen rudimentären Wanderkarten sind in der Nähe des Campingplatzes weitere Petroglyphen und ein Dolmen eingezeichnet, die jedoch im Gestrüpp kaum zu finden sind und sich außerdem in einem extrem schlechten Zustand befinden – es lohnt sich nicht, diese zu suchen.

Sie folgen nun einem nicht asphaltierten, breiten Fahrweg, zunächst parallel zur Straße Richtung Süden und am Campingplatz Os Castros vorbei. Bei km 6,5 befindet sich ein Haus im Wald, das von einer großen Mauer umgeben ist. Gehen Sie rechts entlang der Mauer und biegen Sie am Ende der Mauer nach rechts auf einen Waldweg ab. Dieser führt Sie an im Frühling und Sommer wild blühenden Callas vorbei bis zum kleinen, meist sehr einsamen Sandstrand **Praia do Dique ❸**.

Der Pfad verläuft an der Küste entlang zurück Richtung Norden. Aufgrund eines Waldbrandes ist der Weg bei km 7,3 teilweise durch umgestürzte Bäume blockiert, die Sie aber ohne große Schwierigkeiten umgehen können.

Die Aussicht am folgenden Küstenabschnitt ist eindrucksvoll – der Blick reicht von der Praia do Dique im Süden über den Monte Louro auf der anderen Seite der *ría* bis zum Castro de Baroña im Norden.

Der gut markierte Pfad bringt Sie wieder zurück zum Parkplatz, wobei Sie noch einen empfehlenswerten Abstecher zum wunderschönen, rötlich-goldenen Sandstrand **Praia Area Longa** am Fuße des Castros machen. Dazu biegen Sie bei km 7,7 auf einem Trampelpfad nach links ab und gehen hinunter zum Strand – am Ende des Strandes führt ein Trampelpfad wieder hinauf zum markierten Weg, der Sie zurück zum Ausgangspunkt bringt.

☺ Gleich neben dem Café Castro befindet sich ein kleines Besucherzentrum mit Informationen über das Castro und sonstige Sehenswürdigkeiten in der Umgebung. Ausgiebigere Informationen zum Castro finden Sie im Centro de Interpretación del Castro de Baroña in Porto do Son, wo auch einige Ausgrabungsstücke ausgestellt sind (Rúa Fernando Fariña, Porto do Son, ☏ 981 767 758, Di-So 11:00-14:00, 19:00-21:00). In unmittelbarer Nähe befindet sich das Museo Marea, ein nettes, kleines Museum über das Leben der Fischer in der Umgebung (Rúa do Espíritu Santo 27, Porto do Son, ☏ 981 853 431 www.mareamuseo.com, Mi u. Do 10:00-14:00, Fr-So 10:00-14:00 und 17:00-20:00).

Castro de Baroña

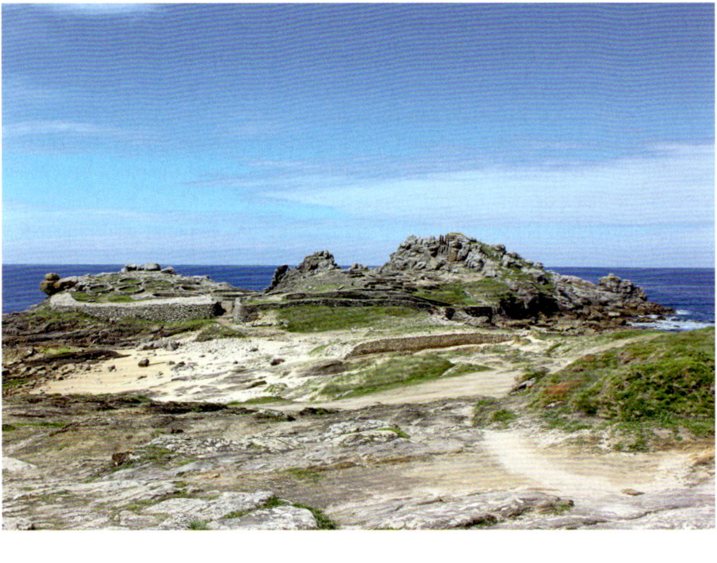

Rías Medias

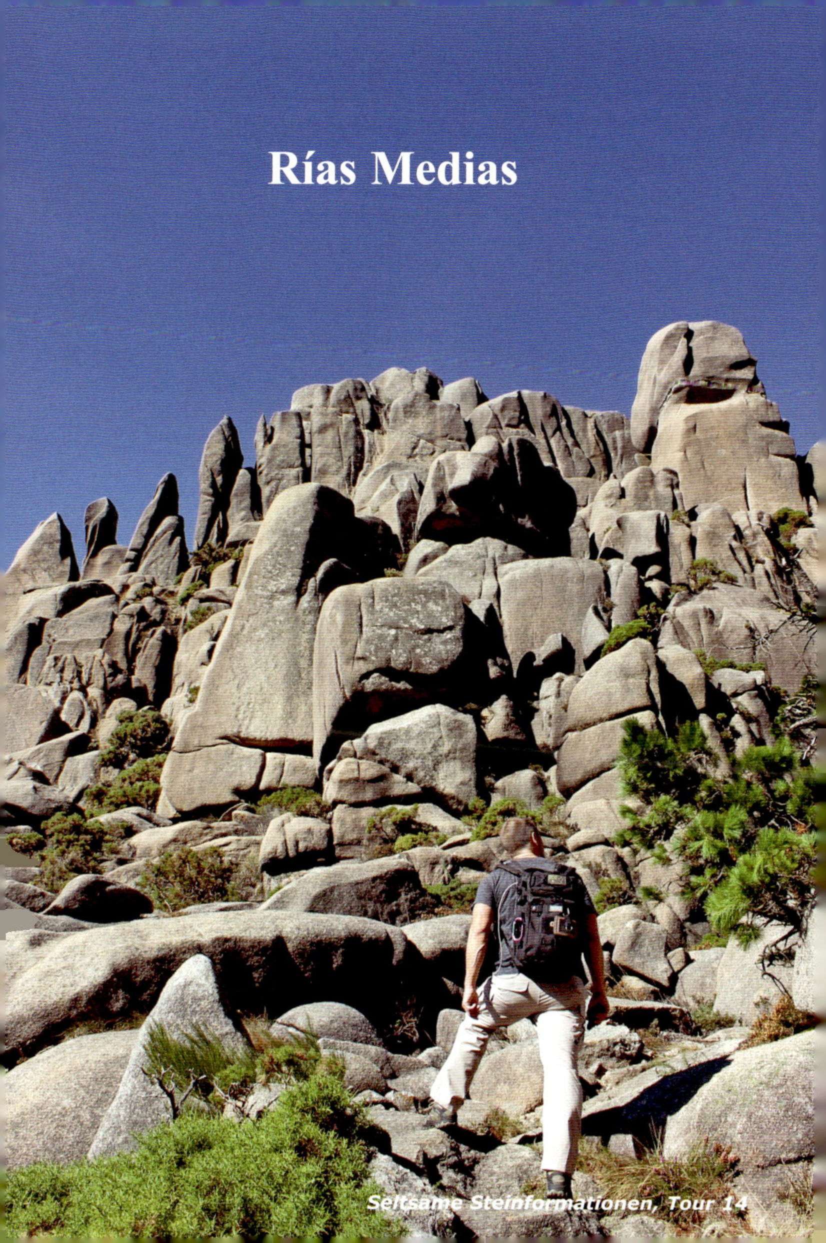

Seltsame Steinformationen, Tour 14

⓬ Auf dem Katzenweg zu den Felsenzeichnungen Cova das Bruxas und Laxe das Rodas

Tour für Naturfreunde und Liebhaber prähistorischer Felszeichnungen

Sie *wandern auf dem Panoramaweg Sendeiro dos Jatos (= Katzenweg) oberhalb des malerischen Fischerdorfs Muros und besuchen die Petroglyphen Cova das Bruxas (= Hexenhöhle) und Laxe das Rodas (= Radstein) mit den Mond-Sonnen-Kalendern. Wenn Sie wollen, können Sie noch einen Abstecher nach Louro anhängen und durch die verwinkelten Gassen eines der authentischsten und schönsten galicischen Küstendörfchen spazieren.*

- Start/Ziel: Parkplatz an der AC-400, ca. 4 km nördlich des Stadtzentrums von Muros, GPS N 42°48.243' W 009°04.079'
- 15 km (mit Abstecher nach Louro 17,6 km)
- ca. 4 Std. (mit Abstecher nach Louro 5 Std.)
- ↑↓ 458 m/458 m
- 113-263 m
- Cova de Gatos/Sendeiro dos Jatos, teilweise beschildert
- Überwiegend breite, unbefestigte und asphaltierte Wege. Sie wandern immer wieder durch schattige Pinien- und Eukalyptuswälder.
- Am Hauptweg keine Einkehrmöglichkeit. Eine Einkehrmöglichkeit gibt es in Louro, wenn Sie den lohnenswerten Abstecher bis zum gemütlichen So'Nos Society Café-Bar anhängen.
- Keine Sitzbänke am Weg. Bei schönem Wetter können Sie bei den Laxe das Rodas (km 8,2) rasten.
- Für Kinder sind die Felszeichnungen interessant. Auf den asphaltierten Fahrstraßen zwischen Taxes und Louro gibt es kaum Verkehr. Im Spätsommer können Sie Brombeeren am Wegesrand sammeln.
- Die Tour ist für Buggys bedingt geeignet. Der Abstecher zu den Petroglifos Cova das Bruxas lässt sich mit etwas sportlichem Ehrgeiz meistern. Der kurze Pfad hinauf zu den Felszeichnungen Laxe das Rodas (km 8,1-8,2) ist aber zu eng für einen Buggy und Sie müssten diesen Abstecher auslassen.
- Die Wanderung ist für Hunde bestens geeignet. Es gibt Brunnen bei km 2,9 und 8 und, falls Sie den Abstecher machen, in Louro.

- **P** Parkmöglichkeiten beim Ausgangspunkt an der AC-400
- 🚗 Sie können sich bei den Felszeichnungen Laxe das Rodas oder in Louro von einem Taxi abholen und wieder zurück zum Ausgangspunkt bringen lassen und die Wanderung so abkürzen: Taxi Marcos, ☏ 658 793 378 (7-Sitzer, transportiert auch Kinderwagen)
- ☺ Die Felsritzungen lassen sich vor allem in den frühen Morgen- oder Abendstunden oder nach einem Regenguss gut erkennen. Planen Sie Ihre Wanderung entsprechend.

Sie stellen Ihr Fahrzeug am Parkplatz bei den Informationsschildern zur Wanderung „Sendeiro dos Jatos" an der Landstraße AC-400 ab. Queren Sie die Straße vorsichtig und folgen Sie dem braunen Schild „Sendeiro dos Jatos" nach links. Der breite Wanderweg führt Sie bis zu einer **Abzweigung** bei km 0,75. Verlassen Sie hier den breiten Weg und folgen Sie den Schildern in Richtung „Cova das Bruxas" über Wiesenwege hinauf. Nach ca. 700 m erreichen Sie den großen, eingezäunten Komplex der **⌘ Petroglifos Cova das Bruxas ❶**, bei dem Sie Abbildungen von Hirschen, Menschen, Kreisen und sogar von einem Hund und einige Schalensteine

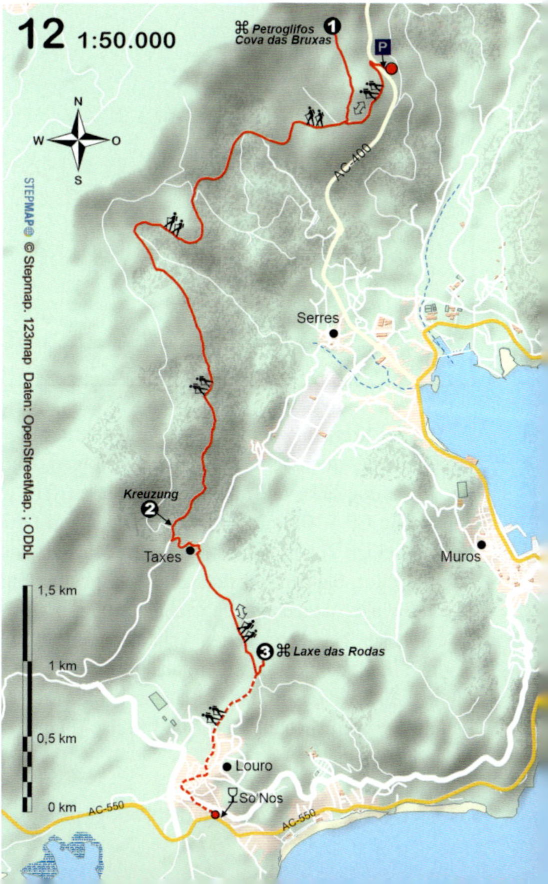

erkennen können. Informationsschilder helfen Ihnen beim Finden der Figuren. Anschließend kehren Sie wieder um. Zurück beim breiten Wanderweg folgen Sie diesem nach rechts und wandern durch einen Pinienwald. Bleiben Sie immer auf diesem Hauptweg und ignorieren Sie alle Abzweigungen kleinerer Wege nach links oder rechts. Immer wieder lichtet sich der Wald und Sie haben eine schöne Aussicht auf das Fischerdorf Muros und den Monte Louro.

☺ Am Wegesrand wachsen im Spätsommer unzählige Brombeeren!

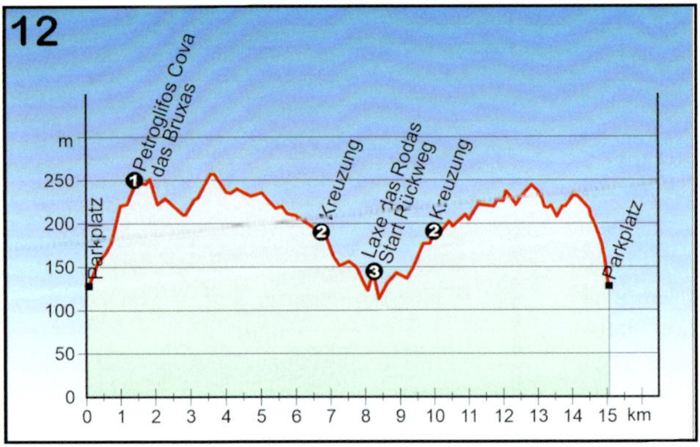

Bei der **Kreuzung bei km 6,7** ❷ mündet der breite Weg in einen unbefestigten Querweg, dem Sie nach links bergab folgen. Nach 100 m halten Sie sich bei der Kreuzung links und folgen der asphaltierten, wenig befahrenen, schmalen Fahrstraße CP-5302 in einigen Kehren bis zum Örtchen Taxes. Bei der **Weggabelung** bei km 7,1 in Taxes biegen Sie rechts ab und folgen der schmalen Fahrstraße weiter. Bleiben Sie stets auf der asphaltierten Straße CP-5302 und ignorieren Sie alle Abzweigungen nach links oder rechts. Schließlich gelangen Sie zu einem linker Hand gelegenen Schild mit der Aufschrift „Petroglifos Laxe das Rodas". Ein schmaler Wanderpfad führt Sie zu den eindrucksvollen Felszeichnungen ⌘ **Laxe das Rodas** ❸. Hier sehen Sie zahlreiche in den Felsen eingearbeitete Spiralen, Schalensteine und Kreise. Einige davon sollen Mond-Sonnen-Kalender darstellen.

Der letzte Abschnitt zu den Petroglyphen ist für den Buggy zu schmal.

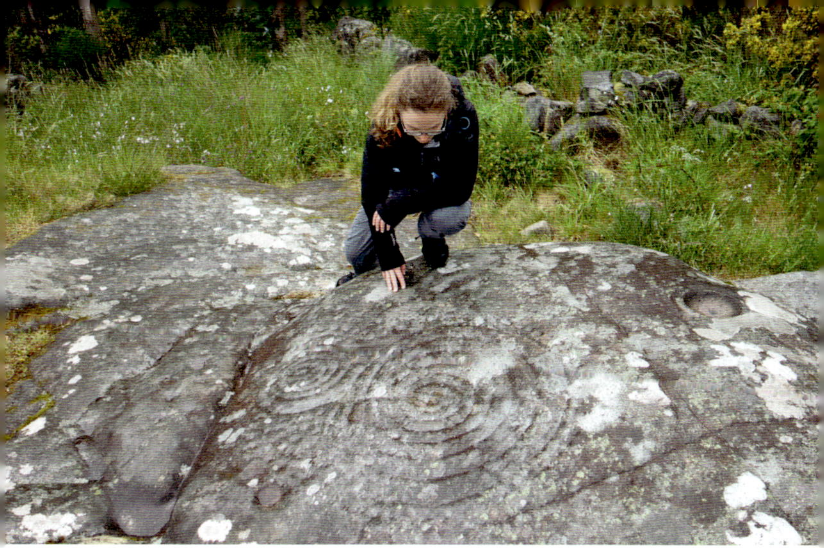

Laxe das Rodas – Spiralen

Wenn Sie Zeit haben, lohnt sich ein Abstecher in das touristisch noch völlig unbekannte, authentische Örtchen **Louro** mit seinen unzähligen Kornspeichern *(hórreos)* und verwinkelten Gassen! Wandern Sie dazu weiter entlang der asphaltierten Straße CP-5302. Nach etwa 250 m halten Sie sich rechts. Nach weiteren 150 m verlassen Sie die CP-5302 und halten sich wiederum rechts. Sie können der Straße nun folgen, alle Abzweigungen nach links und rechts ignorierend, bis Sie auf die Hauptstraße AC-550 gelangen. Schöner ist es jedoch, sich in den verwinkelten Gässchen des malerischen Dörfchens Louro zu verlieren.

In der familiengeführten **So'Nos Society Café-Bar** an der AC-550 gibt es Erfrischungen, üppige Pizzen, Tischfußball, viele Brettspiele, gemütliche Sofas und ein Deutsch-Spanisch-Wörterbuch für alle Fälle. Die Barbesitzerin Eugenia und ihre Familie sprechen ein bisschen Englisch und Deutsch und, wenn Sie den Weg nicht wieder zurücklaufen wollen, organisieren Ihnen jederzeit ein Taxi, das Sie wieder zurück zum Ausgangspunkt bringt.

So'Nos Society Café-Bar, Rúa Louro 294, 15291 Muros, ☏ 600 740 242,
Mi-Mo 10:00-21:00

Sie wandern denselben Weg wieder zurück zum Ausgangspunkt. Alternativ können Sie sich von einem Taxi abholen lassen und die Wanderung so abkürzen.

13 Besteigung des Monte Louro

Tour für Naturliebhaber, Pflanzenfreunde und kleine Piraten

Die etwas anspruchsvolle Besteigung des Aussichtsbergs Monte Louro mit seinen beiden markanten Gipfeln wird mit einem eindrucksvollen Panoramaausblick über die Ría de Noia, auf die wunderschöne Praia Area Maior mit dem dahinterliegenden Naturschutzgebiet Lagoa das Xalfas und der Costa da Morte belohnt. Die Besteigung des zweiten Gipfels ist mit einer kurzen Kletterei verbunden. Besonders im Frühling und Sommer können Sie am Monte Louro eine Vielzahl schöner und seltener Blumen bewundern.

Start/Ziel: Parkplatz beim Leuchtturm Faro de Louro, Punta Queixal, GPS N 42°44.369' W 009°04.728'

5,4 km

ca. 2 Std.

312 m/312 m

13-247 m

keine Markierungen

Wechsel zwischen breiten Wegen und schmalen, im Sommer zum Teil stark verwachsenen Pfaden. Der erste Gipfel ist über einen schmalen, sehr steilen Wanderweg zu erreichen. Beim etwas anspruchsvolleren Abstieg auf das Joch zwischen den beiden Gipfeln müssen Sie über große Granitblöcke klettern.

Auf der Wanderung gibt es keine Einkehrmöglichkeiten. Am Anfahrtsweg liegt das So'Nos Society Café-Bar (2,6 km vom Ausgangspunkt; ☞ Wanderung Nr. 12). Zahlreiche Bars und Restaurants gibt es bei der Praia de San Francisco in Louro (3 km vom Ausgangspunkt).

Es gibt keine Sitzbänke entlang der Wanderung.

Keine direkt am Weg, Sie können aber einen Abstecher zur Praia Area Maior machen!

Die Wanderung bis zum ersten Gipfel ist für wanderbegeisterte Kinder ab sieben Jahren gut geeignet, der Weg zum zweiten Gipfel ist aber schwieriger; kleinere Kinder benötigen hier Hilfe bei der kurzen Kletterpartie. Erkunden Sie mit Kindern die Mauerreste der Burg Louro am Gipfel Pico da Garita. In Louro trieben einst Piraten ihr Unwesen!

Die Umrundung des Monte Louro (ohne Gipfelbesteigung) ist auch mit dem Kinderwagen möglich und lohnenswert. Die Aufstiege zu den beiden Gipfeln müssten Sie mit dem Kinderwagen allerdings auslassen.

Der Monte Louro ist ein bei Hundebesitzern beliebtes Wanderziel. Nehmen Sie genügend Wasser mit.

Parkmöglichkeit beim Ausgangspunkt

Taxi Marcos, ☏ 658 793 378 (7-Sitzer, transportiert auch Kinderwagen)

Die gesamte Tour mit der Besteigung der zwei Gipfel ist anspruchsvoll ●. Sie können die Tour aber auch abkürzen und nur zum ersten Gipfel aufsteigen (mittelschwerer Weg ●) oder den Monte Louro nur umrunden und die Gipfelbesteigungen ganz auslassen (einfacher Weg ●).

Vom Ausgangspunkt beim **Faro de Louro** folgen Sie einem breiten, zunächst flach verlaufenden Forstweg Richtung Westen. Bleiben Sie auf dem breiten Hauptweg und ignorieren Sie die zahlreichen Abzweigungen nach links zum Meer. Nach ca. 500 m eröffnet sich der Blick auf die wunderschöne Praia Area Maior.

Unter dem Leuchtturm zwischen den Strandnelken

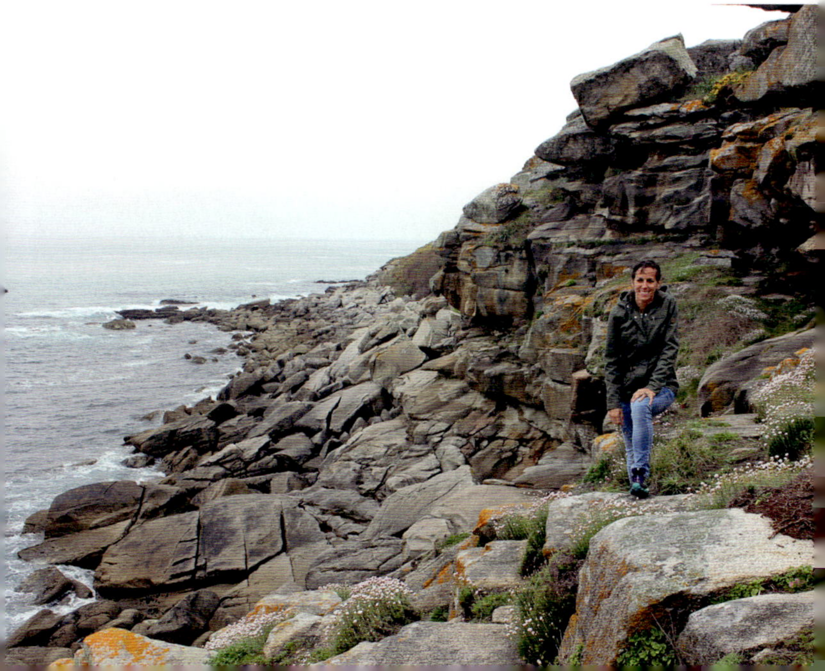

☺ ↳ Machen Sie unbedingt einen Abstecher zum weißen und meistens sehr einsamen Sandstrand **Praia Area Maior** mit der dahinterliegenden Lagoa das Xalfas. Entweder Sie folgen gleich einem der vielen Trampelpfade ca. 400-500 m hinunter zum Strand oder Sie fahren nach der Wanderung mit dem Auto zum Campingplatz Ancoradoiro (➲ 5,3 km) und nähern sich der Praia Area Maior von Norden. Vergessen Sie bei dem Strandausflug Ihr Fernglas nicht! Um die Lagoa das Xalfas herum leben zahlreiche Reptilien- und Amphibienarten. Xalfas ist außerdem ein wahres Vogelparadies: Verschiedenste Zugvögel überwintern in der Lagune oder nutzen sie als Zwischenstopp bei ihren Vogelzügen – diese können Sie von den Dünen aus gut beobachten. Hier finden Sie auch eine vielfältige Flora: Strandhafer, Mariendisteln, Strandlilien, Meerzwiebeln und vieles mehr lassen sich dort entdecken. Beachten Sie aber bitte, dass Sie sich in einem Naturschutzgebiet befinden!

Der Legende nach befindet sich unter den Dünen der Lagoa das Xalfas eine geheimnisvolle versunkene Stadt. Die Leute erzählen sich, dass man an Sturmtagen die Glocken des Kirchturms und manchmal sogar die Stimmen der Bewohner aus den Tiefen der Lagune heraufhallen hört.

Blick auf die Praia Area Maior und die Laguna das Xalfas

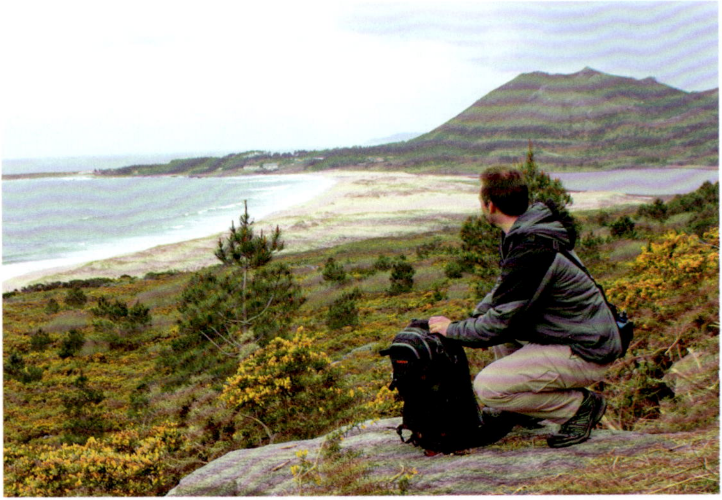

Der Weg steigt nun leicht an. Bei km 1,6 passieren Sie zwei Wasserdepots und halten sich bei einer **Abzweigung** links. 70 m weiter biegen Sie bei einer **Abzweigung** ❶ scharf nach rechts ab und folgen dem Weg hinauf, bis dieser kurz unterhalb einer Antenne am Pico da Magdalena endet. Von dort führt ein etwas unscheinbarer, steiler Wanderweg teilweise über Granitfelsen nach rechts zum ersten **Gipfel des Monte Louro** ❷ – unweit vom Vermessungspunkt befinden sich Reste der alten Einsiedelei ✝ **Ermida Santa María Magdalena**.

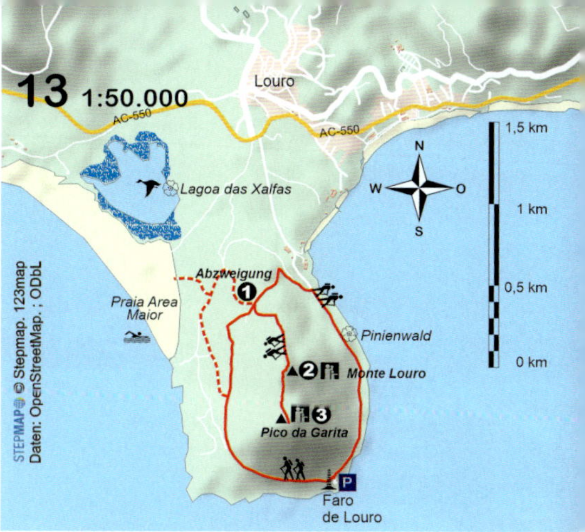

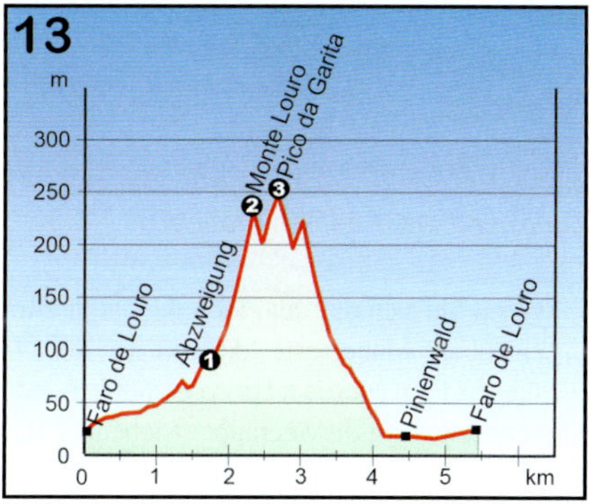

Um zum zweiten Gipfel zu gelangen, folgen Sie weiter dem schmalen Pfad zunächst etwa 30 m abwärts und umgehen einen großen, rechts gelegenen Steinhaufen. Dann müssen Sie ca. 20 Hm über große Granitfelsen hinabklettern, bis Sie zum Joch zwischen den beiden Gipfeln gelangen – das ein oder andere Mal sind dabei die Hände zu Hilfe zu nehmen. Dieser Teil der Strecke führt über wegloses Gelände. Orientieren Sie sich gegebenenfalls mit Hilfe des GPS. Vom Joch führt eine breite Wegschneise gerade hinauf zum **Pico da Garita** ❸. Dort werden Sie mit einer atemberaubenden Panoramaaussicht belohnt – von der Ría de Muros e Noia und der Serra do Barbanza mit dem Castro de Baroña im Süden, dem Atlantik im Westen, über die Praia Area Maior mit der dahinterliegenden Lagoa das Xalfas bis zum Cabo Fisterra im Norden.

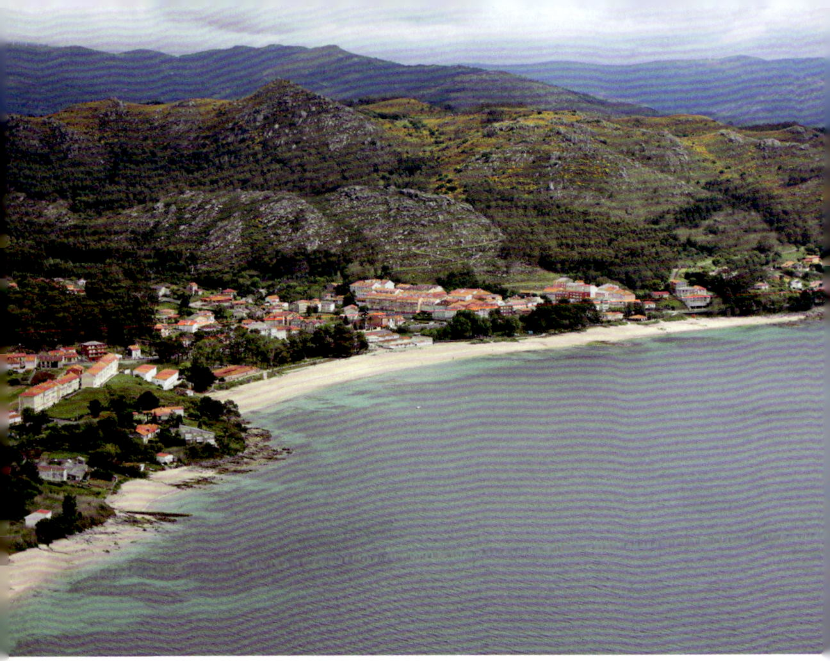

Louro und Praia de San Francisco

Wenn Sie sich auf dem Pico da Garita etwas genauer umsehen, erkennen Sie unscheinbare Mauerreste, die von der Burg Louro stammen. Im Mittelalter war die Gegend um Muros nicht so gemütlich und ruhig wie heute. Es gab zahlreiche Piratennester und die Seeräuber trieben ihr Unwesen in der gesamten *ría*! Irgendwann wurde es dem Erzbischof der Gegend, Alonso III von Fonseca, zu viel. Er ließ im Jahr 1520 eine mächtige Festung mit 16 Kanonengeschützen auf dem strategisch ausgezeichnet gelegenen Monte Louro errichten und setzte damit den heimtückischen Piratenüberfällen ein Ende.

Der Abstieg erfolgt zunächst auf demselben Weg wie der Aufstieg. Bei der vom Hinweg bekannten **Abzweigung ❶** biegen Sie nun allerdings rechts ab und folgen dem breiten, unbefestigten Weg, bis dieser in eine asphaltierte Straße mündet. Sie folgen dieser nach rechts und wandern Richtung Süden an der Küste entlang und vorbei an einem ❀ **zauberhaften alten Pinienwald** (☺ hier können Pilzspezialisten von Frühling bis Herbst den ein oder anderen Pfifferling finden!) zurück zum Ausgangspunkt.

14 Auf den keltischen Olymp Monte Pindo

Schwierige, aber sehr lohnenswerte Tour für Freunde spannender Sagen und steiler Aufstiege

Sie erklimmen den eindrucksvollsten Berg der Küste Galiciens, den Monte Pindo, den sagenumwobenen „keltischen Olymp", der direkt an der Küste gelegen 627 m in die Höhe ragt, und wandern durch eine surreale Märchenwelt mit eigenartigen Steinfiguren. Zwischen den imposanten Felsformationen finden Sie eine einzigartige Blumen- und Pflanzenwelt. Der anstrengende Aufstieg wird mit einem fantastischen Ausblick belohnt!

Start/Ziel: Parkplatz hinter der Kirche im Ort O Pindo, GPS N 42°53.424' W 009°08.122'

8,7 km

ca. 3 Std. 30 Min.

684 m/684 m

0-627 m

weiß-gelbe Balken, nur dürftig markiert

Schmale und steile Wanderpfade, die mit großen Felsen durchsetzt sind. Freunde vom „rock hopping" kommen auf ihre Kosten!

Keine Einkehrmöglichkeit am Weg. Ca. 200 m nordwestlich des Ausgangspunkts befinden sich aber ein Café, ein Restaurant und ein Supermarkt.

Keine Sitzbänke am Weg. Sie finden aber bestimmt einen akzeptablen Rastplatz auf oder neben einem der zahlreichen großen Felsblöcke am Wegesrand.

Es gibt keine Bademöglichkeiten direkt am Weg, aber die Praia do Pindo liegt 100 m nördlich des Ausgangspunkts.

Wanderbegeisterte Kinder ab zehn Jahren werden eine Freude haben, den sagenumwobenen „keltischen Olymp" Galiciens zu erklimmen. Erzählen Sie Ihren Kindern die Legenden, die sich um den Monte Pindo ranken. Entlang des Weges finden sich seltsame Steinformationen. Wer erspäht den Druiden und den Pilger zuerst? Kleinere Kinder werden immer wieder die Hände verwenden müssen oder Hilfe brauchen, um die am Weg liegenden Felsen zu überwinden.

Die Tour ist nicht für Buggys geeignet.

Die Tour ist für bergerfahrene Hunde bestens geeignet. Es gibt immer wieder kleine Bäche und Quellen am Wegesrand – nehmen Sie im Sommer trotzdem genügend Wasser mit. Für kleinere Hunde könnten die zu überwindenden großen Steine am Weg ein Hindernis darstellen.

P Parkmöglichkeit beim Ausgangspunkt

Mehrere Busverbindungen täglich von und nach Santiago de Compostela und Fisterra, www.monbus.es. Die Bushaltestelle „O Pindo“ befindet sich ca. 500 m vom Ausgangspunkt entfernt an der AC-550.

Erkundigen Sie sich unbedingt im Voraus über die Wetterbedingungen. Auf dem Gipfel können starke Windböen gefährlich werden. Bei Nebel besteht die Gefahr, sich zu verlaufen. Bei starkem Wind und bei Nebel sollten Sie die Tour daher besser auf einen anderen Tag verschieben.

Parken Sie hinter der Kirche **Igrexa do Pindo** neben dem Kinderspielplatz. Die Wanderung beginnt bei dem braunen Hinweisschild mit der Aufschrift „Monte Pindo“ gleich hinter einer kleinen Brücke. Sie folgen einem schmalen und sehr unebenen, mit weiß-gelben Balken markierten Wanderweg durch den Mischwald bergauf. Bei der nicht markierten **Weggabelung** bei km 0,8 halten Sie sich links und queren bald ein kleines Flüsschen. Der Wald lichtet sich und Sie steigen durch Erika- und Ginsterheiden weiter bergauf. Bei der **nächsten Weggabelung** (km 1,6) biegen Sie links ab.

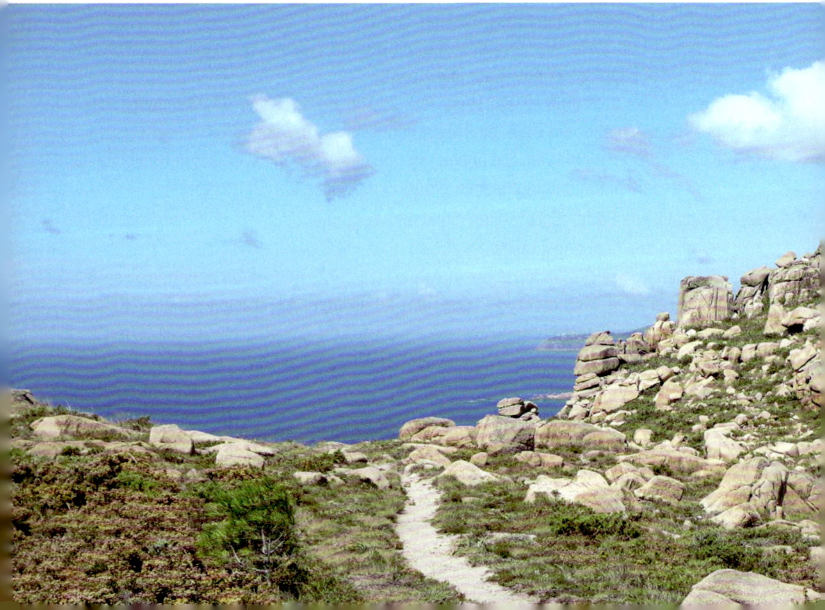

↳ Nach rechts führt ein schmaler Wanderpfad zu den rudimentären Resten der alten ♜ Burg **Castelo de San Xurxo**, die von Bischof Sisnando II im 10. Jh. um den Pico Pedrullo gebaut wurde.

Warum gibt es in Galicien so wenige Burgen?

Im 15. Jh. litten die galicischen Bauern sehr unter den tyrannischen Feudalherren. Eine große Hungersnot im Jahr 1467 und das Auftreten mehrerer Epidemien waren schließlich Auslöser für blutige Bauernaufstände gegen Adlige und Burgbesitzer. Im Zuge der *Revolta Irmandiña* (Irmandinischen Revolte) wurden über 140 Burgen in ganz Galicien dem Erdboden gleichgemacht, darunter auch das bis dahin als uneinnehmbar geltende Castelo de San Xurxo.

Nach wenigen Metern passieren Sie eine linker Hand gelegene Steinformation in Form eines ⌘ **Druiden ❶**. Links und rechts des Weges erheben sich unzählige weitere seltsame Steinformationen – es braucht nicht viel Fantasie, um menschen- und tierähnliche Figuren zu erkennen.

Abstecher zum verfallenen Castelo de San Xurxo

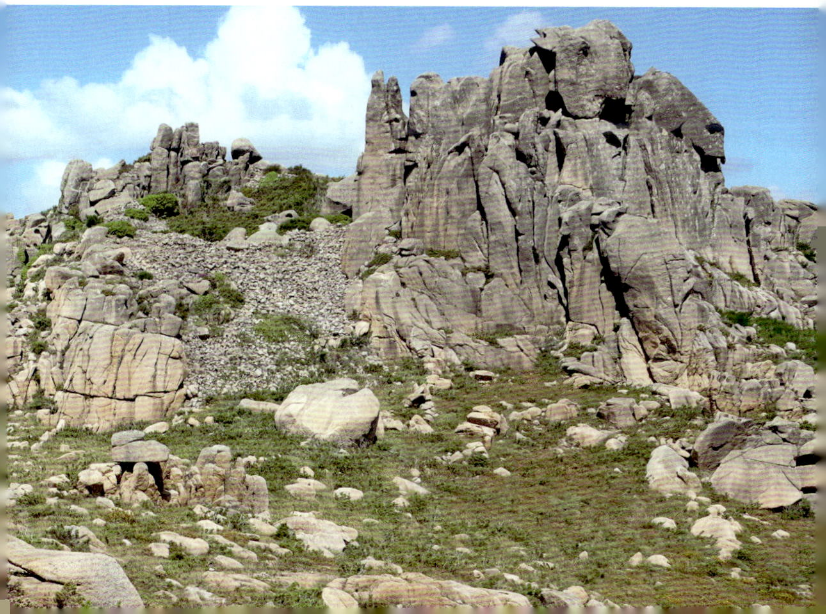

Der keltische Olymp

Für die alten Kelten war der Monte Pindo der Rückzugsort der Götter und damit einer der heiligsten Plätze überhaupt. Der Legende nach belohnten die Götter die edelsten und tapfersten Krieger und die weisen Druiden nach ihrem Tod und luden ihre Seelen zu sich auf den Monte Pindo ein, wo sie zu Stein verwandelt wurden, um für alle Ewigkeit an diesem magischen Ort verweilen zu dürfen.

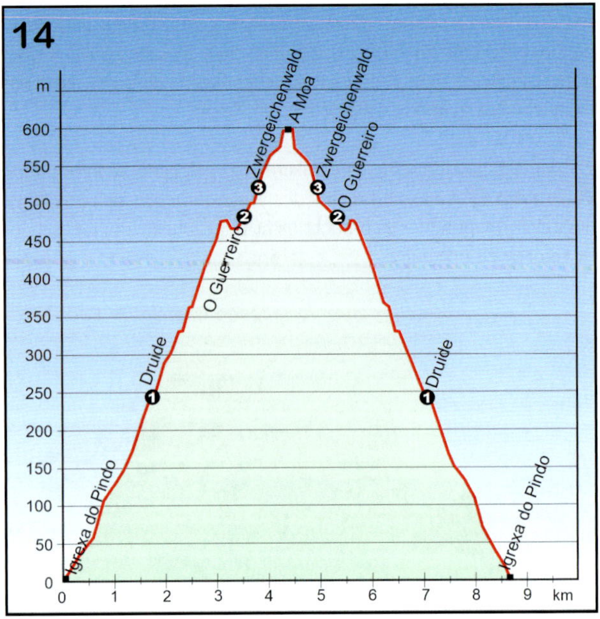

Bei km 2 queren Sie ein Flüsschen und steigen weiter steil hinauf. Teilweise sind hohe Felsblöcke zu überwinden.

Kleinere Kinder werden hier die Hände zu Hilfe nehmen müssen.

Sie gelangen bald zu einem **Joch** (km 2,5). Am Wegesrand wachsen Lorbeer- und Mistelsträucher und erste Zwergeichen. Werfen Sie immer wieder einen Blick zurück – erkennen Sie die Steinfigur des Pilgers?

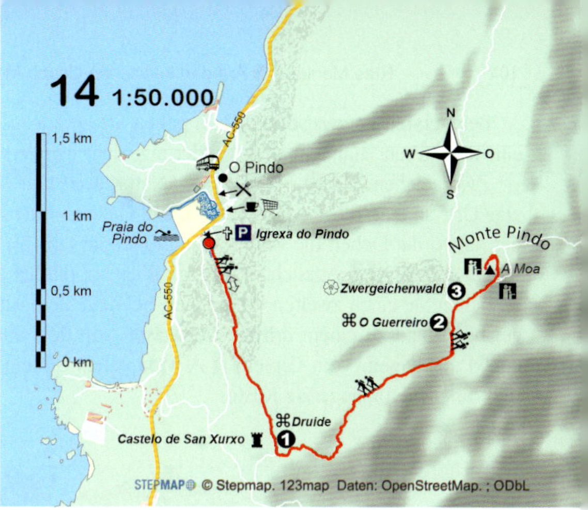

Schließlich gelangen Sie auf eine grasbewachsene **Hochebene** mit mehreren verfallenen Hirtenhäuschen. Auf der Ebene weiden Wildpferde – vielleicht haben Sie Glück und laufen den schönen Tieren über den Weg. Der Blick öffnet sich nach Süden und Sie sehen die Lagune von Carnota in der Ferne. Gemächlich schlängelt sich der schmale Wanderweg bis zur von Weitem erkennbaren Steinfigur des Kriegers ⌘ **O Guerreiro ❷**.

Das Grab der Wolfskönigin

In Galicien herrschte einst eine Königin, die Raiña Lupa, der nachgesagt wurde, dass sie eine Hexe wäre. Die stolze Königin wohnte auf dem Pico Sacro in der Nähe von Santiago de Compostela. Von ihren Untertanen verlangte sie, dass sie ihr jeden Tag eine Kuh, ein Schwein und einen Wagen voller Lebensmittel bringen mussten. Lieferte ein Dorf nicht rechtzeitig, machten die Vasallen der Königin das Dorf dem Erdboden gleich und ermordeten alle Einwohner auf grausame Weise. Während eines strengen Winters konnten die Bauern von Figueirós, geplagt von einer Hungersnot nach einer schlechten Ernte, die Abgaben nicht leisten. Anstatt abzuwarten, bis die Vasallen der Königin ihnen den Garaus machten, entschieden sich die tapferen Bauern dazu, das Schloss der Wolfskönigin auf dem Pico Sacro anzugreifen. Weder die Königin noch ihre Gefolgschaft hatte mit einem derartigen Angriff gerechnet und die Bauern nahmen die Burg ein. Die Königin war während des Kampfes auf den höchsten Turm des Schlosses geflohen. In ihrer Verzweiflung warf sie sich aus dem Fenster und starb. Die Wolfskönigin soll in einer von steinernen Riesen bewachten Höhle des Monte Pindo begraben worden sein.

☝ Folgen Sie von nun an strikt der weiß-gelben Markierung bis zum Gipfel. Es befinden sich zwar immer wieder grüne Wegweiser am Weg, die aber teilweise – wohl durch den Wind gedreht – in die falsche Richtung zeigen!

Beim **ersten Wegweiser** (km 3,7) gehen Sie geradeaus weiter und gelangen zu einem weiteren Highlight der Wanderung, dem wunderschönen und einzigarten **Zwergeichenwald ❸** – ein wahres Naturjuwel! Der Monte Pindo ist der einzige Ort, an dem diese seltenen Bäume in Galicien wachsen. Nur durch ein Wunder haben die Eichen die wilden Waldbrände im Jahr 2013 überlebt.

Nach einem **Aussichtspunkt** mit Blick auf die tief gelegene Praia do Pindo erreichen Sie einen **zweiten Wegweiser**, bei dem Sie nach links abbiegen, und Sie gelangen bald zu einem **dritten Wegweiser**, von dem aus Sie nach links auf den Gipfel aufsteigen. Vom Gipfel **A Moa** haben Sie eine atemberaubende Aussicht über die umliegende Küste.

Zwergeichenwald

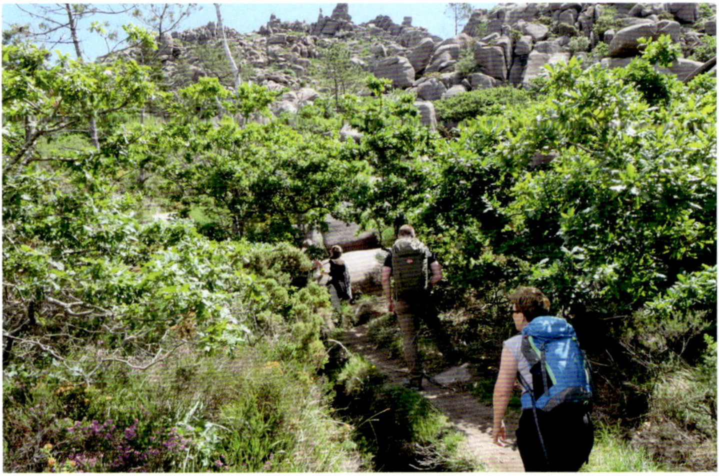

Das heilige Wasser der Schalensteine am Gipfel A Moa

Um den „keltischen Olymp" wurden zahlreiche prähistorische Opferplätze gefunden. Die großen Schalensteine auf dem Gipfel A Moa wurden und werden sogar heute noch für magische Rituale verwendet. Das sich in den Schalen nach einem Sturm gesammelte Wasser soll magische Kräfte haben. Um die volle Wirkung zu entfachen, muss man kniend mit den Händen Wasser aus sieben Schalen trinken und dabei nach Westen blicken (aus hygienischen Gründen ist von der Nachahmung dieses Rituals jedoch abzuraten).

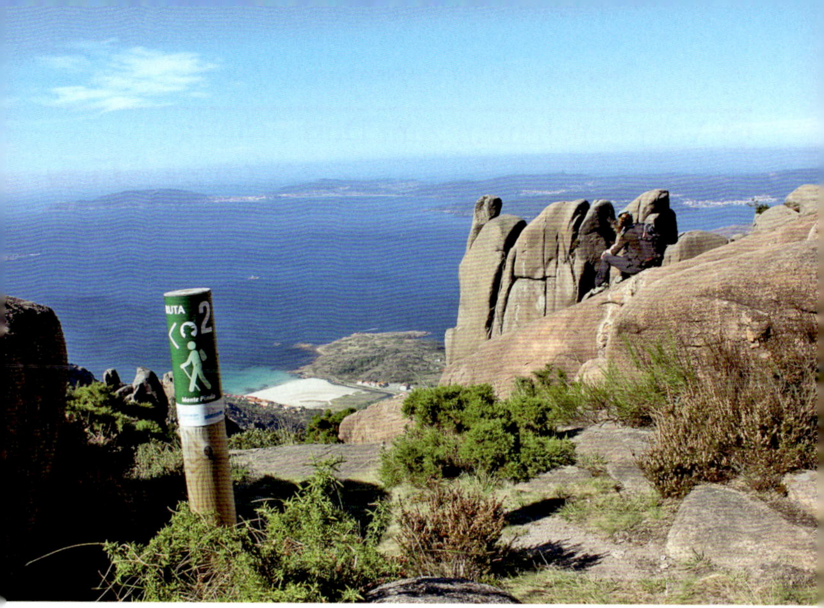

Blick auf O Pindo

Steigen Sie über denselben Weg wieder ab und wandern Sie zurück zum Ausgangspunkt.

↳ Nach der Wanderung können Sie sich bei der **Praia do Pindo** erfrischen (➲ 100 m). Dazu queren Sie die Straße AC-550 und erreichen sogleich den Strand.

☺ ↳ Außerdem lohnt sich ein Abstecher mit dem Pkw zum nahe gelegenen **Wasserfall Ézaro** (➲ 3 km) und zum Aussichtspunkt **Miradoiro do Ézaro** (➲ 4,6 km). Um zum Wasserfall und Aussichtspunkt zu gelangen, folgen Sie der Hauptstraße AC-550 Richtung Norden durch das Dorf O Pindo. Bei der ersten Möglichkeit hinter der Brücke Ponte O Ézaro, die über den Fluss Xallas führt, biegen Sie rechts auf eine Nebenstraße ab und folgen der Beschilderung zum Wasserfall bzw. zum Aussichtspunkt.

⓯ Vom Leuchtturm zum Dorf Fisterra

Rundwanderung für geschichtsinteressierte Naturfreunde

Bei dieser Tour wandern Sie auf einsamen Wegen abseits des Jakobsweges hinauf auf den sagenumwobenen Fackelberg Monte do Facho und zu den heiligen Steinen und an den Klippen von Fisterra entlang bis zum wilden Sandstrand Mar de Fóra. Sie spazieren durch das Dörfchen Fisterra und erkunden die Reste der alten Einsiedelei San Guillerme, die über dem keltischen Sonnenaltar Ara Solis errichtet wurde. Das Leuchtturm-Restaurant O Semaforo am Ende der Welt lädt zu einer gemütlichen Einkehr ein.

Start/Ziel: Parkplatz Leuchtturm Fisterra, GPS N 42°53.098' W 009°16.322'

11,2 km

ca. 4 Std.

512 m/512 m

7-233 m

nur teilweise markiert (Beschreibung im Text), überwiegend ohne Markierung

sehr kurzweiliger Wechsel zwischen Pfaden, Wald- und Wiesenwegen, abschnittsweise asphaltierte Fahrwege

Einkehrmöglichkeit in der Bar Insua (km 5). Nach der Wanderung können Sie dem ansprechenden Café/Restaurant O Semaforo etwas abseits des Weges einen Besuch abstatten. Weitere Einkehrmöglichkeiten gibt es im Ortszentrum von Fisterra nahe dem Weg.

mehrere Sitzmöglichkeiten und Picknicktische (km 0, km 1,9, km 5, km 5,6, km 8) entlang des Weges

Die Tour ist für wandererfahrene Kinder ab zehn Jahren geeignet, wobei etwas Ausdauer gefordert ist. Für kleinere Kinder sind die abschnittsweise steilen Wege zu anstrengend. Am Wegesrand wachsen im Spätsommer Brombeeren.

nicht für Buggys geeignet, da schmale und sehr steile Pfade

Die Wanderung ist für Hunde gut geeignet. Nehmen Sie aber genügend Trinkwasser mit.

P zahlreiche Parkmöglichkeiten beim Leuchtturm Faro de Fisterra am Ende der Straße AC-445

Monbus bietet täglich um 9:00 (Linie 10113), 10:00 (Linie 10110) und 12:00 (Linie 10118) eine Verbindung von Santiago de Compostela nach Fisterra (Bushaltestelle: Rúa Federico Àvila 1, 15155 Fisterra) an. An manchen Tagen verkehren die Busse auch häufiger. Die Fahrt dauert ca. 2 Std. (www.monbus.es/en). Reisen Sie mit öffentlichen Verkehrsmitteln an, können Sie km 7,3 (Rúa Potiña 58, 15155 Fisterra) als Ausgangspunkt der Rundwanderung wählen. Dieser befindet sich 300 m südwestlich der Bushaltestelle „Rúa Federico Ávila 1".

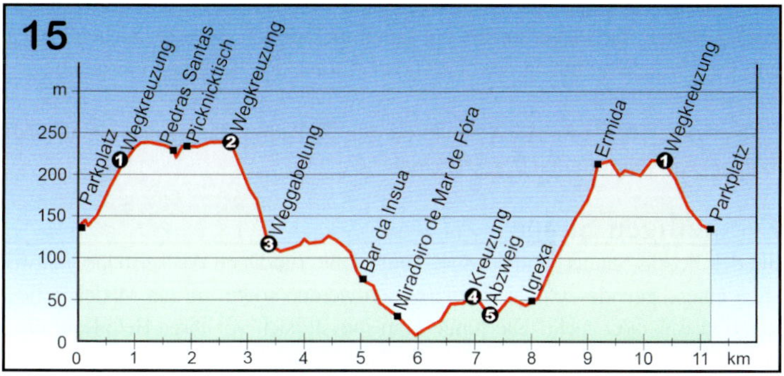

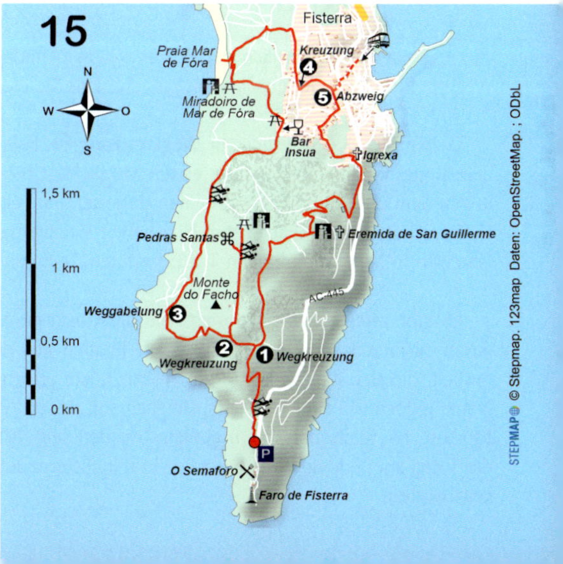

Hinter dem Parkplatz für Menschen mit Behinderung beim Leuchtturm Fisterra führt ein schmaler Wanderweg an den ersten Picknicktischen vorbei und weiter bis zu einem Wohnmobilparkplatz. Nehmen Sie bei der Wegkreuzung den mittleren Weg und folgen Sie der steilen Asphaltstraße bergauf, die auf den Monte do Facho führt.

Bei der **Wegkreuzung bei km 0,8** ❶ halten Sie sich links und gehen weiter auf der asphaltierten Straße hinauf. Nach ca. 200 m gelangen Sie zu einer weiteren **Wegkreuzung** ❷. Zunächst machen Sie einen Abstecher auf den **Monte do Facho** und zu den ⌘ **Pedras Santas**: Folgen Sie hierfür der Asphaltstraße von der Wegkreuzung aus ca. 100 m weiter bergauf, bis Sie zum Eingang des alten Leuchtturmgebäudes des Monte do Facho („Berg der Fackel") gelangen.

Lassen Sie sich vom Richtung Osten zeigenden Schild „Pedras Santas" nicht irritieren. Sie biegen rechts auf den unbefestigten, breiten, flachen Weg ab und folgen diesem entlang der alten Leuchtturmanlage Richtung Norden.

Nach ca. 500 m weist ein Schild zu den ⌘ **Pedras Santas** und ein schmaler Trampelpfad führt zu den Wackelsteinen.

Die heiligen Steine

Bei den Pedras Santas handelt es sich um große, rundliche Wackelsteine, mit welchen einer Legende zufolge nachgewiesen werden sollte, ob ein Mädchen noch Jungfrau war oder nicht. Die junge Frau musste sich vor ihrer Heirat auf einen Wackelstein stellen. Wenn sich dieser auf eine gewisse Weise bewegte, bedeutete dies, dass sie keine Jungfrau mehr war.

Etwa 200 m nördlich der Pedras Santas befindet sich neben dem breiten Weg ein Picknicktisch mit schöner Aussicht, falls Sie eine Rast einlegen möchten.

Gehen Sie wieder zurück zur **Wegkreuzung** ❷. Folgen Sie dem breiten, nicht befestigten Weg bergab. Bei der ersten Möglichkeit biegen Sie nach links ab und folgen dem unebenen und mit Steinen durchsetzten Feldweg weiter hinunter. Die Kulisse ist atemberaubend schön: Hier haben Sie einen wunderbaren Blick auf den Leuchtturm Fisterra und einen Teil der wilden Costa da Morte.

Es gibt verschiedene Theorien, wie die Costa da Morte (= Todesküste) zu ihrem Namen kam. Einige führen den Namen auf die vielen Schiffsunglücke zurück, die sich im 19. Jh. an der wilden Küste ereigneten. Tatsächlich soll der Name jedoch viel älter sein. Ursprünglich soll dieser Küstenabschnitt „Costa dos Mortos" (= Küste der Toten) genannt worden sein. Man erzählt sich, dass sich die Toten am Ende der Welt einfinden und in Fisterra auf die Überfahrt in das Jenseits warten.

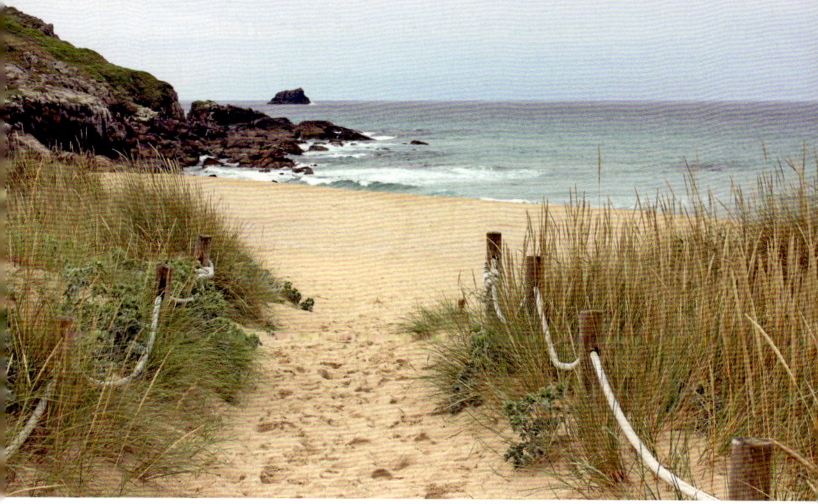

Praia Mar de Fóra

Bei der nächsten **Weggabelung ❸** (km 3,4) halten Sie sich rechts. Der Wanderweg führt zunächst flach Richtung Norden. Ignorieren Sie die Abzweigungen nach links und rechts und bleiben Sie auf dem breiten Hauptweg.

Nach ca. 1 km macht der Weg eine scharfe Rechtskurve (km 4,5). Hier verlassen Sie den breiten Weg und folgen einem schmalen Pfad geradeaus weiter. Der idyllische Wanderweg führt Sie durch Wiesen und schöne Mischwälder bis nach Insua, einem Ortsteil von Fisterra. Sie kommen an einem farbenfrohen, einstöckigen Häuschen, der **Bar da Insua**, vorbei. Wenn Sie Glück haben, können Sie hier Erfrischungen bekommen – die Bar ist aber nicht immer geöffnet und hat keine festen Öffnungszeiten. Ein paar Meter weiter biegen Sie bei einem Picknicktisch auf der linken Seite der Straße nach links auf einen mit Kopfsteinen gepflasterten Weg ab.

☺ Rechts und links des Weges Richtung Meer wachsen wilde Brombeeren!

Bei der Weggabelung nach ca. 260 m halten Sie sich links. Sie wandern an einem großen Gewächshaus vorbei und durch Kartoffelfelder, spazieren durch ein Pinienwäldchen und gelangen schließlich zum Aussichtspunkt **Miradoiro de Mar de Fóra** mit vielen Picknicktischen. Folgen Sie dem Holzsteg zum Sandstrand **Praia Mar de Fóra**.

Das Baden an der Praia Mar de Fóra ist wegen der Ausrichtung zum offenen Meer und gefährlicher Strömungen verboten.

Die Übersetzung des heiligen Jakobs

Aufgrund der ständigen Angriffe der Wikinger waren die Anhänger des Jakobus gezwungen, dessen Grab in Padrón an einen sicheren Ort zu verlegen. Als die Christen die Königin Raiña Lupa (☞ Wanderung Nr. 14) um Hilfe baten, sagte diese nur: „Geht zum König von Dugium und bittet ihn, dass er euch ein Grab für euren Toten zur Verfügung stellt!" Die Christen machten sich auf nach Westen zur Hafenstadt Dugium (heutiges Duio). Unterdessen hatte die Wolfkönigin ihren Verbündeten in Dugium bereits in Kenntnis gesetzt. In unmittelbarer Nähe auf dem Monte do Facho befand sich der heilige Sonnenaltar der Kelten. Christliche Pilger konnten die galicischen Könige an diesem heiligen Ort nicht gebrauchen, weshalb sie einen Hinterhalt planten und die Christen umbringen wollten. Im letzten Moment erkannten die Anhänger des Jakobus die tückischen Pläne und flohen. Nur durch ein Wunder konnten sie ihre Verfolger abhängen: Als diese nämlich über die Brücke A Ponte Maceira in Negreira stürmten, brach die Brücke zusammen – die Christen waren gerettet. Den heiligen Jakob setzten sie schlussendlich im heutigen Santiago de Compostela bei.

Gehen Sie vom Strand wieder zurück zum Holzsteg und folgen Sie diesem geradeaus durch die **Sanddünen** Richtung Osten. Am Ende des Holzsteges (km 6,4) biegen Sie scharf nach rechts ab und folgen einem Wiesenpfad (☺ auch hier wachsen viele Brombeeren!), der in eine kaum befahrene Asphaltstraße mündet. Sie befinden sich nun wieder im Örtchen Fisterra. Biegen Sie rechts ab und folgen Sie der Asphaltstraße ca. 400 m zu einer **Kreuzung ❹** (km 7). Hier sehen Sie bereits das nächste Ziel in der Ferne, die Kirche Santa María das Areas. Um zu dieser zu gelangen, müssen Sie einen kleinen Umweg durch das Dorf vornehmen: Zunächst biegen Sie bei der **Kreuzung** nach links ab auf eine breite, betonierte Dorfstraße. Bei der ersten Möglichkeit (nach ca. 250 m) biegen Sie bei einem **Abzweig in einer Linkskurve ❺** (km 7,3, Rúa Potiña 58) nach rechts auf eine schmale, asphaltierte Straße ab.

☺ Sind Sie mit öffentlichen Verkehrsmitteln unterwegs, beginnen Sie die Wanderung an dieser Abzweigung. Die Bushaltestelle befindet sich 300 m entfernt im Ortszentrum.

Nach weiteren 130 m mündet die schmale Straße in eine Querstraße, bei der Sie rechts abbiegen und bergauf die Straße entlangspazieren. Nach ca. 200 m erreichen Sie eine Weggabelung.

Biegen Sie bei dieser links ab und gehen Sie auf der ebenen Straße auf ein großes, blaues Einfahrtstor zu. Links davon führt ein schmaler Wiesenweg an einem *lavadoiro* (= Waschplatz) vorbei zur romanischen Kirche ✞ **Igrexa Parroquial de Santa María das Areas** aus dem 12. Jh. Der Friedhof ist einen Besuch wert. Um die Kirche gibt es zahlreiche, zum Teil überdachte Sitzmöglichkeiten, Steinbänke und Picknicktische.

Folgen Sie nun kurz dem beschilderten Jakobsweg entlang der Landstraße Richtung Süden. Nach etwa 100 m führt ein schmaler, sehr steiler Wanderweg auf der rechten Seite der Hauptstraße bergauf, dem Sie durch einen schönen Pinienwald folgen, bis er in eine breite, unbefestigte Fahrstraße mündet. Biegen Sie dort rechts ab und wandern Sie bergauf weiter und an einem links gelegenen Wasserspeicher vorbei, bis nach ca. 300 m links ein Waldweg abzweigt. Folgen Sie diesem steilen Waldweg.

☺ Pilzspezialisten könnten hier von Juni bis September Pfifferlinge finden!

Nach der zweiten Kehre halten Sie sich bei der Weggabelung links, um nach wenigen Metern sogleich rechts abzubiegen. Der breite, holprige und sehr steile Weg führt Sie zur Ausgrabungsstätte der ✞ **Ermida de San Guillerme**, an der sich einst einer der wichtigsten Sonnenaltäre der Kelten befunden haben soll.

Der **Sonnenaltar, Ara Solis**, war für die Kelten ein besonders heiliger Ort. Er hatte nicht nur religiöse, sondern auch kultische Zwecke. Der Legende nach befindet sich an diesem Ort unter dem großen, rundlichen Felsen auch ein Fruchtbarkeitsstein. Man erzählt sich, dass ein Kinderwunsch erfüllt wird, wenn Paare eine Nacht unter dem Stein verbringen. Im 11. Jh. errichteten die Christen eine Einsiedelei über diesem heiligen Ort, die im 18. Jh. von Piraten zerstört wurde. Von der Einsiedelei sind nur noch die Grundmauern erhalten, außerdem ein nach Osten gerichteter Altar und ein Steinsarkophag. Wie so oft in der Geschichte, bauten die Christen ihre Kirchen und Kapellen auch hier über eine heilige vorchristliche Kultstätte, mit dem offensichtlichen Zweck, diese zu christianisieren.

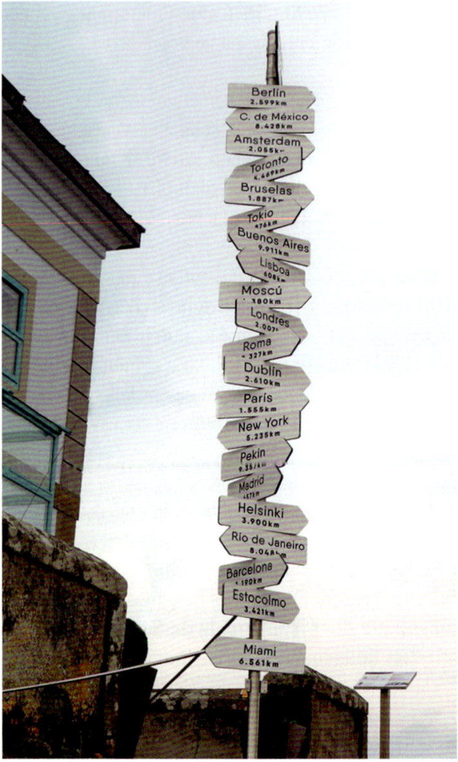

Wegweiser beim Café O Semaforo am Cabo Fisterra

Von der Ermida gehen Sie den breiten Feldweg entlang Richtung Westen, bis dieser in eine breite, unbefestigte Querstraße mündet. Biegen Sie links ab und folgen Sie der flachen Straße mit wunderschöner Aussicht auf das Pindomassiv, den Monte Louro und die Sierra do Barbanza bis zur Wegkreuzung ❶ und spazieren Sie zurück zum Ausgangspunkt.

↳ Gehen Sie am Parkplatz noch ca. 200 m weiter Richtung Süden zum hübschen Café/Restaurant O Semaforo, das zu einer Rast einlädt – das Essen ist ausgezeichnet. Besonders schön ist das etwas versteckte Café im hinteren Bereich, das mit einem wunderschönen Rundumblick aus dem ersten Stock aufwartet!

✕🍷 O Semaforo, Carretera del Faro s/n, 15155 Fisterra, ☏ 981 110 210, ✉ info@hotelsemaforodefisterra.com, 💻 http://www.hotelsemaforodefisterra.com, 🚪 täglich 12:00-0:00

16 Vom Cabo Vilán entlang der Costa da Morte

WC

Tour für Naturliebhaber und Freunde einsamer, wilder Küstenlandschaften

Die Wanderung beginnt bei einem der eindrucksvollsten Leuchttürme Galiciens, dem Cabo Vilán, hinter dem Dörfchen Camariñas. Sie wandern entlang der wilden Costa da Morte zu unberührten Sandstränden und bis zum Englischen Friedhof und wieder zurück.

- Start/Ziel: Parkplatz beim Leuchtturm Cabo Vilán, GPS N 43°09.580' W 009°12.631'
- 14,7 km
- ca. 4 Std.
- 367 m/367 m
- 7-88 m
- Ruta dos Faros, grüne Punkte und Pfeile (allerdings in die entgegengesetzte Richtung)
- breite, unbefestigte Straßen (im Sommer z. T. staubig), abschnittsweise schmale Wanderpfade, kaum Schatten
- Bar Faro Vilán beim Ausgangspunkt
- Sitzbänke in regelmäßigen Abständen entlang des breiten Wanderweges
- WC beim Ausgangspunkt
- Praia Pedrosa (km 3,2), Praia de Reheira (km 3,6), Praia da Balea (km 4)
- Die Wanderung ist gut für Kinder geeignet. Falls gewünscht, kürzen Sie die Tour ab und stellen Sie Ihr Fahrzeug beim Aussichtspunkt (km 2,7) ab. Für Kinder sind das Leuchtturmmuseum, der Englische Friedhof und die Wolfsfalle spannend.
- Die Wanderung eignet sich für den Kinderwagen. Die schmalen Wanderpfade können Sie umgehen: Bei der Abzweigung bei km 0,8 biegen Sie nicht nach links ab, sondern gehen die breite Fahrstraße aus. Bei der Abzweigung zur Praia Pedrosa gehen Sie geradeaus auf dem breiten Weg weiter und laufen somit den als Rückweg vorgeschlagenen Weg bereits auf dem Hinweg.
- Die Wanderung ist bestens für Hunde geeignet, nehmen Sie jedoch genügend Wasser mit.
- P Parkmöglichkeit beim Ausgangspunkt oder bei km 2,7

Die Wanderung beginnt beim Leuchtturm **Cabo Vilán**. Hier befinden sich ein kleines Museum, eine Touristeninformation und eine kleine Bar sowie Toiletten. Außerdem werden in den anliegenden Räumlichkeiten wechselnde Kunstausstellungen lokaler Künstler präsentiert.

⌘ Faro Vilán, ☏ 647 608 158, http://www.farovilan.com, Mi-So 11:00-21:00, Mo u. Di Ruhetage

Leuchtturm Cabo Vilán

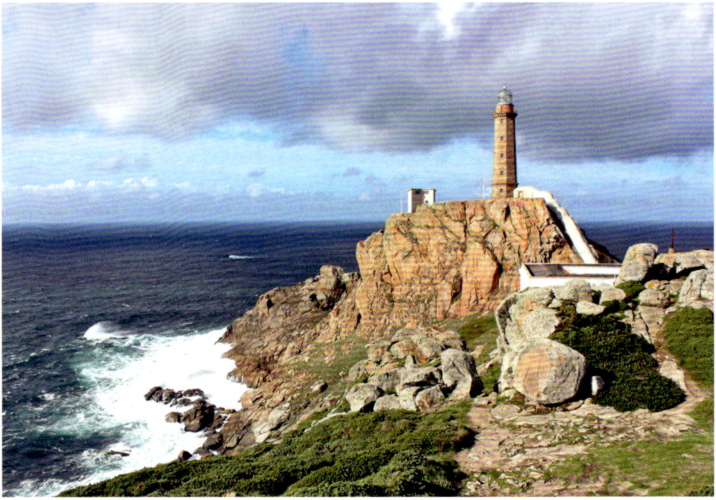

Steigen Sie zunächst hinauf zum **Aussichtspunkt**, von dem Sie eine schöne Sicht auf den eindrucksvollen Leuchtturm haben. Dann kehren Sie zurück und folgen der asphaltierten Fahrstraße bergab, bis bei einer links gelegenen Abzweigung bei km 0,8 ein schmaler Wanderpfad durch Ginsterheiden zu einem breiten, unbefestigten Weg führt. Diesem folgen Sie nach Osten.

Mit dem Kinderwagen biegen Sie bei km 0,8 nicht nach links auf den schmalen Pfad ab, sondern gehen stattdessen die breite Fahrstraße weiter entlang und an der **Fischfarm „Stolt Sea Farm"** vorbei. Nach 500 m biegen Sie links auf den breiten, unbefestigten Weg ab und stoßen bald wieder auf die Hauptroute.

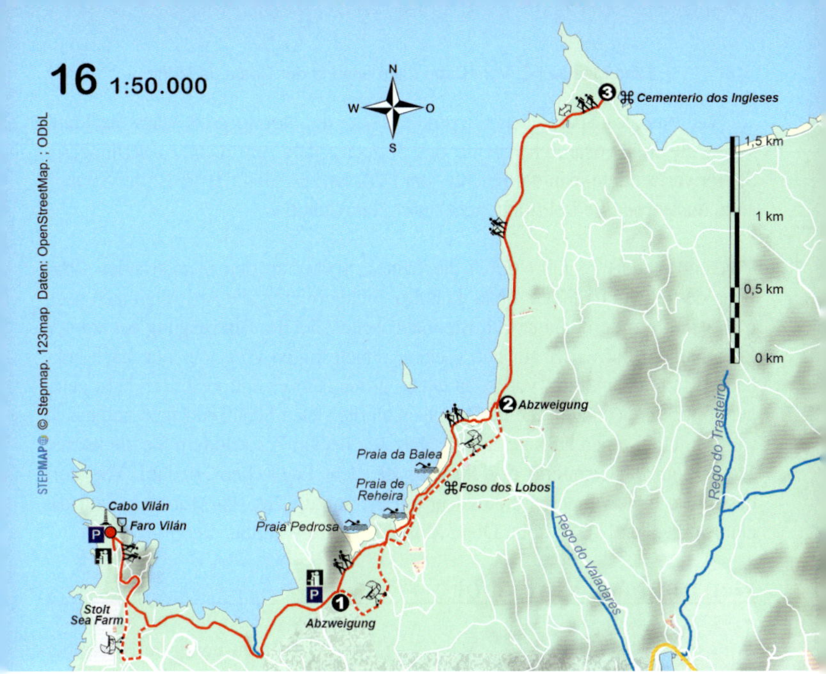

Der breite Weg führt entlang der Küste und immer leicht bergauf bis zu einem hochgelegenen Parkplatz (km 2,7) mit schöner Aussicht auf den Leutchtturm Cabo Vilán. Nach weiteren ca. 130 m fällt die Straße wieder ab und es öffnet sich der Blick auf einen weiteren spektakulären Küstenabschnitt. Hier befindet sich eine **Abzweigung ❶**, bei der Sie nach links auf einen schmalen Wanderweg abbiegen, der Sie im Zickzack hinunter zum ersten Sandstrand, der **Praia Pedrosa**, führt.

Mit dem Kinderwagen gehen Sie bei der **Abzweigung ❶** geradeaus weiter. Folgen Sie der breiten, unbefestigten Straße, auf der man auch auf dem Rückweg entlangläuft.

In der schönen Dünenlandschaft wachsen einige sehr seltene Blumen, die unter Naturschutz stehen. Im Wind wiegen sich die weißen und rosafarbenen Strandgrasnelken. Am Cabo Vilán wächst auch die Pflanze *Herba de namorar* (Kraut der ewigen Liebe) (☞ Wanderung Nr. 19). Das nahe gelegene Dorf Camariñas hat seinen Namen von dem Strauch *caramiña (Corema album)*, das auch „Hungerkraut“ genannt wird.

Während des Spanischen Bürgerkriegs war die Not so groß, dass die Menschen die weiß-rosaroten Früchte des Strauchs aßen, um nicht zu verhungern. Später verwendete man die Früchte, um Likör herzustellen. Heute ist der Strauch vom Aussterben bedroht und steht unter Naturschutz.

Der Wanderweg führt durch die Dünen, vorbei an den Sandstränden **Praia de Reheira** und **Praia da Balea**. Sie ignorieren alle Abzweigungen nach rechts und wandern immer in Küstennähe weiter. Bei der **Abzweigung bei km 4,9** ❷ gelangen Sie wieder auf den breiten, unbefestigten Weg, der nun nach links flach bis zum Ziel führt, vorbei an einem großen Anker und mehreren links gelegenen weißen Kreuzen, die in Gedenken an die vielen Schiffbrüchigen aufgestellt wurden. Über einen links gelegenen Holzsteg bei km 7,3 wandern Sie die letzten Meter zum ⌘ **Cemiterio dos Ingleses** ❸, dem Englischen Friedhof. Von dort haben Sie eine wunderbare Aussicht auf die karge Costa da Morte und auf die eindrucksvolle, 150 m hohe Düne Monte Branca (= weißer Berg) im Osten.

Der Englische Friedhof

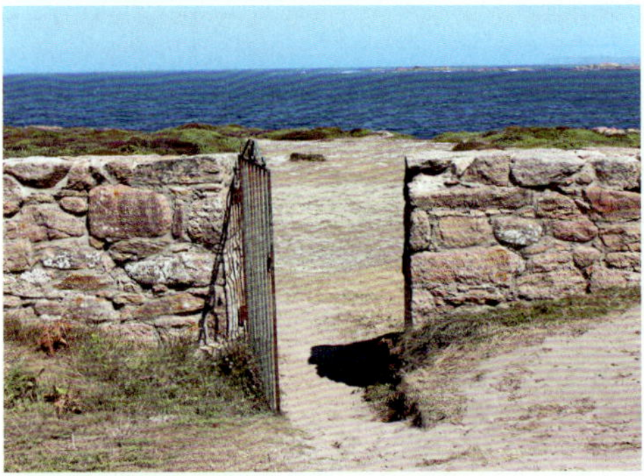

Englischer Friedhof

Das englische Schiff Serpent geriet im November 1890 auf dem Weg von Plymouth nach Sierra Leone an der Küste Galiciens in ein schweres Unwetter und stieß gegen die Felsen der Punta Boi. Aufgrund des hohen Wellengangs zerschellten sämtliche Rettungsboote zwischen den Felsen und fast die gesamte Besatzung ging elendiglich unter. Nur drei der 175 Männer wurden wie durch ein Wunder lebend an den Strand Praia de Trece gespült. In Gedenken an das verheerende Unglück errichteten die Einwohner von Camariñas nahe dem Strand Praia de Trece den Englischen Friedhof – an einer Stelle, an der bereits die Opfer eines anderen Schiffsunglücks begraben worden waren: Im Jahr 1883 waren beim Untergang der englischen Irish Hall an derselben Stelle 38 Menschen verstorben. Leider waren die beiden Unglücke nicht die letzten: Im Jahr 1893 forderte der Untergang der englischen Trinacria 30 weitere Menschenleben. Zur Vermeidung weiterer Unglücke wurde im Jahr 1896 der erste Leuchtturm mit elektrischem Licht am Cabo Vilán errichtet.

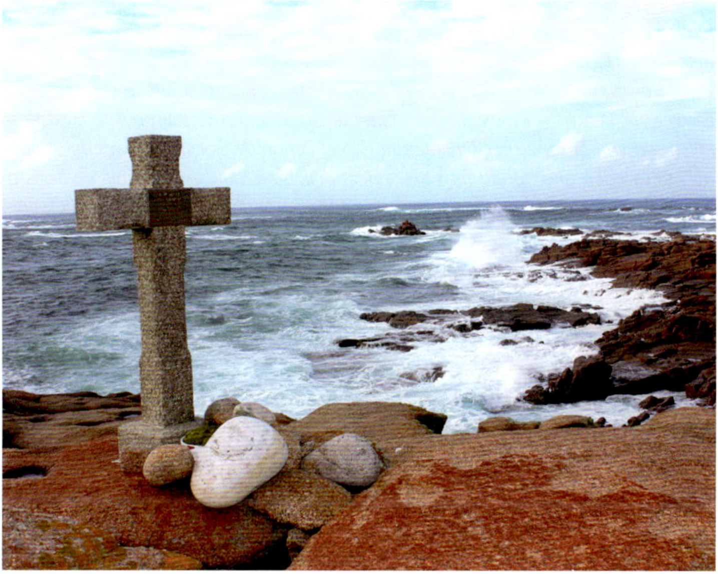

Kreuz in Gedenken an einen verschollenen Seemann

Der Rückweg führt zunächst auf demselben Weg zurück zum Ausgangspunkt. Bei der **Abzweigung nach den Stränden ❷** gehen Sie geradeaus auf der breiten, unbefestigten Straße weiter und kommen an einer alten Wolfsfalle, ⌘ Foso dos Lobos (km 10,7), vorbei. Bleiben Sie immer auf der breiten Straße und wandern Sie durch einen Pinienwald, bis Sie bei der Abzweigung des schmalen Weges zum Strand ❶ wieder auf den Weg vom Hinweg gelangen. Nun wandern Sie auf dem bekanntem Weg wieder zurück zum Ausgangspunkt.

↳ Alternativ können Sie auch von der Abzweigung ❷ den Hinweg wieder zurückwandern.

17 Laxe – das Fischerdorf der Springfluten

Wanderung für Naturfreunde und Familien

Die Wanderung an einem der schönsten Abschnitte der Costa da Morte wartet mit vielen Highlights auf. Sie beginnt im traditionellen Fischerdorf Laxe, Drehort einer der berühmtesten Fernsehserien Galiciens, und führt entlang der Ruta dos Faros zum Leuchtturm Insua, vorbei an der Schaumgrotte, zum berühmten Kristallstrand von Laxe, weiter hinauf zum Gipfel Peñon de Soesto und wieder hinunter zum wilden und bei Surfern besonders beliebten Sandstrand Praia de Soesto. Über die Dünen und durch Wiesen und Felder wandern Sie wieder zurück zum Ausgangspunkt.

- Start/Ziel: Laxe, Rúa Rosalía de Castro, nahe dem Restaurant Casa do Arco, GPS N 43°13.271' W 009°00.328'
- 8,5 km
- ca. 2 Std. 45 Min.
- 364 m/364 m
- 0-100 m
- überwiegend gut mit unterschiedlichen Symbolen markiert (Beschreibung im Text)
- Sie wandern im offenen Gelände abwechselnd über breite und schmale Wanderwege, Sandstrände und Holzstege.
- das Restaurant Casa do Arco am Start/Ziel, zahlreiche Einkehrmöglichkeiten in Laxe
- Picknicktische bei km 0,9, km 2,2, km 6,8
- Praia de Laxe (km 0), Praia de Soesto (km 5,2)
- Die abwechslungsreiche Wanderung ist für wandergeübte Kinder ab sieben Jahren gut geeignet. Beim steilen Auf- und Abstieg des Monte Peñon de Soesto muss kleineren Kindern über einige hohe Felsabsätze geholfen werden. Nahe der Praia de Soesto und in Laxe gibt es kleine Kinderspielplätze. ☺ Kürzen Sie die Tour bei km 3,4 ab und folgen Sie der PR-G 70 zurück nach Laxe, wenn Ihre Kinder nicht mehr weiterwandern wollen. Vorsicht bei den steilen Klippen der Halbinsel Insua.
- Die unebenen und steindurchsetzten Pfade sind für den Buggy zu schmal.
- Die Wanderung ist optimal für Hunde geeignet. Nehmen Sie genügend Wasser mit.
- P Parkmöglichkeiten an der Rúa Rosalía de Castro am Strand
- Die Wanderung ist nicht gut mit öffentlichen Verkehrsmitteln erreichbar. 1- bis 2-mal täglich fährt ein Bus von A Coruña nach Laxe und retour (www.arriva.gal). Wer mit dem Bus anreist, wird in Laxe übernachten müssen.

Stellen Sie Ihr Fahrzeug in der Nähe des Restaurants **Casa do Arco** an der Rúa Rosalía de Castro in Laxe an der **Praia de Laxe** ab.

Mareas Vivas

Laxe war der Drehort der bekannten und beliebten Fernsehserie *Mareas Vivas* (= Springfluten). Sie spielt im fiktiven Fischerdorf Portozás. Andrés Dominguez (Luis Tosar) ist ein junger, erfolgreicher Anwalt aus A Coruña, der das snobistische Leben in der Großstadt satt hat und eine Richterstelle in Portozás annimmt. Nun muss er sich im ländlichen Galicien an der Costa da Morte zurechtfinden und sich mit dem stets in illegale Machenschaften verwickelten *percebeiro* (= Entenmuschelsucher) Currás, der eingebildeten Bürgermeisterin Celia, dem rechtsverdrehenden Rechtsanwalt Ladislao und dessen Vater, dem reichen Bauunternehmer Ramón Couto, herumschlagen. Und alle sprechen den rauen galicischen Dialekt der Costa da Morte. Der Kulturschock könnte nicht größer sein! Aber es bahnen sich auch Freundschaften an: Der Fischer und Restaurantbesitzer Petróleo wird zum guten Freund, der alte Seemann Melgacho steht stets mit seinen Weisheiten zur Seite und auch María, die sympathische und hübsche Vermieterin, deren Mann seit Jahren auf See verschollen ist, freundet sich mit Andrés an ... Alle Episoden können gratis auf folgender Website gestreamt werden: http://www.crtvg.es/tvg/programas/mareas-vivas.

Queren Sie den Platz Ramón de Juego und gehen Sie unter dem Torbogen der Casa de Arco durch.

Casa do Arco, Plaza Ramón de Juego 1, 15117 Laxe, ☏ 981 706 904,
info@casadoarco.es, www.casadoarco.es, keine festen Öffnungszeiten

Folgen Sie der Rúa Real bis zur gotisch-romanischen Kirche ✝ **Santa Maria de Atalaia** aus dem 12. Jh.

Vor vielen Jahren drang durch eines der wenigen Fenster auf der Nordseite der Kirche ein Blitz ein und traf die hölzernen Fresken über dem Altar. Im Rahmen der Restaurierungsarbeiten wurden bis dahin unbekannte dahinterliegende Steinfresken aus dem 15. Jh. entdeckt, welche die Auferstehung Christi darstellen, weshalb man sich dazu entschied, die Holzfresken nicht zu erneuern. Heute können die Steinfresken im Inneren der schönen Kirche bewundert werden. Auch die Marienfiguren (teils mit Echthaarperücken!) und eine Wandmalerei aus dem 15. Jh. sind sehenswert.

☺ Geheimtipp: Wenn Sie Spanisch können, sprechen Sie den älteren, sympathischen Küster an, der sich fast immer in der Nähe der Kirche aufhält – er wird ihnen alles erzählen, was Sie über die Gegend wissen wollen!

Nach einem Besuch der Kirche folgen Sie den Schildern Richtung „PR-G 70 Punta Insua" bis zu einer Weggabelung beim Aussichtspunkt **Miradoiro da Insua ❶** (km 0,8). Halten Sie sich rechts, um gleich darauf bei einer weiteren Weggabelung wiederum rechts abzubiegen.

✎ Folgen Sie ab jetzt der weiß-gelben Markierung der PR-G 70 bzw. anschließend der parallel dazu verlaufenden, grün markierten Ruta dos Faros.

Nach ca. 200 m zweigt vom breiten, asphaltierten Weg ein schmaler Wanderpfad nach links ab, der Sie an der wilden Küste entlang bis zum 1920 errichteten Leuchtturm **Faro de Laxe** führt.

Im Frühling und Frühsommer können Sie ein besonderes Naturschauspiel erleben – die gesamte Halbinsel leuchtet in kräftigem Rosarot, Gelb und Blau der vielen Wildblumen.

A Espera

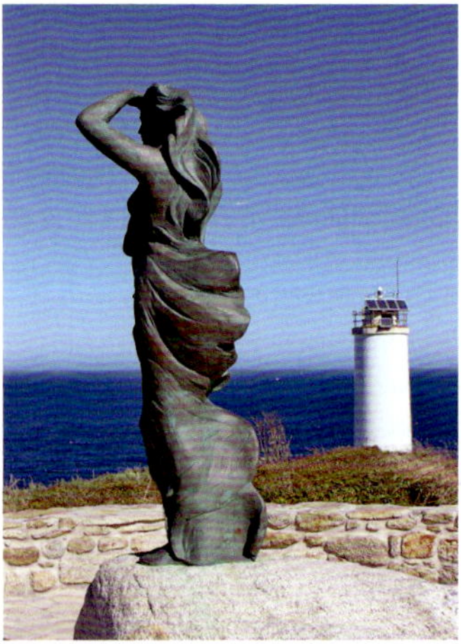

In unmittelbarer Nähe des Leuchtturms stehen Picknicktische in Form von keltischen Castros, die zu einer Rast einladen.

Von hier aus haben Sie eine wunderbare Aussicht zum Faro de Roncudo im Norden und der Ría de Camelle im Westen.

Hinter dem eindrucksvollen Kunstwerk **A Espera** (= das Warten) der galicischen Künstlerin Iria Rodríguez, das eine schöne Frau mit kleinem Kind auf dem Arm zeigt, die sehnsüchtig auf das Meer blickt und auf die Rückkehr ihres verschollenen Mannes wartet, folgen Sie der grünen

Markierung und wandern einen schmalen Pfad bergab, bis Sie nach ca. 200 m wieder auf die weiß-gelb markierte Route PR-G 70 kommen und dieser folgen. Der Pfad mündet bei der ⌘ **Furna da Espuma** (= Schaumgrotte) in einen breiteren Spazierweg.

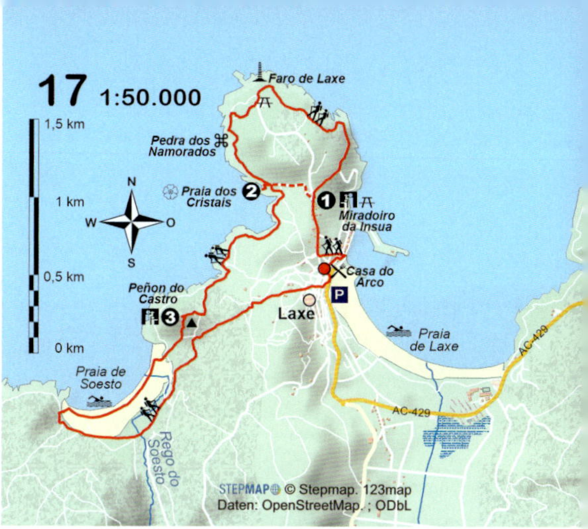

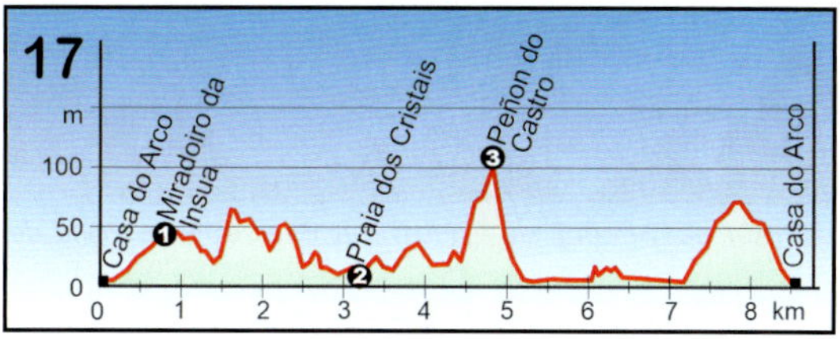

Die Furna da Espuma hat ihren Namen von den Schaumkronen, die das aufgewirbelte Meer an stürmischen Tagen an dieser Stelle hinterlässt.

☺ Ein paar Meter abseits des Weges befindet sich ein großer Felsblock, der ⌘ **Pedra dos Namorados** (= Stein der Verliebten) genannt wird. Zahlreiche Paare haben sich hier bereits verewigt.

Der breite Spazierweg führt zum Dorffriedhof. Darunter befindet sich der berühmte Kristallstrand ❀ **Praia dos Cristais ❷**. Hier wurden einst alte Glasflaschen gelagert. Im Laufe der Zeit hat das Meer aus dem Glas kleine, durchsichtige, grüne und braune Sandkristalle geformt.

Sie verlassen nun die Wanderroute PR-G 70 und folgen der mit grünen Pfeilen und Punkten markierten Ruta dos Faros unterhalb des Friedhofs. Gleich hinter dem Friedhof zweigt ein schmaler Wanderweg Richtung Süden ab.

⇳ Wenn Sie die Wanderung abkürzen wollen, folgen Sie stattdessen der PR-G 70 zurück bis zum Aussichtspunkt Miradoiro da Insua ❶ und von dort auf bekanntem Weg zurück zum Ausgangspunkt.

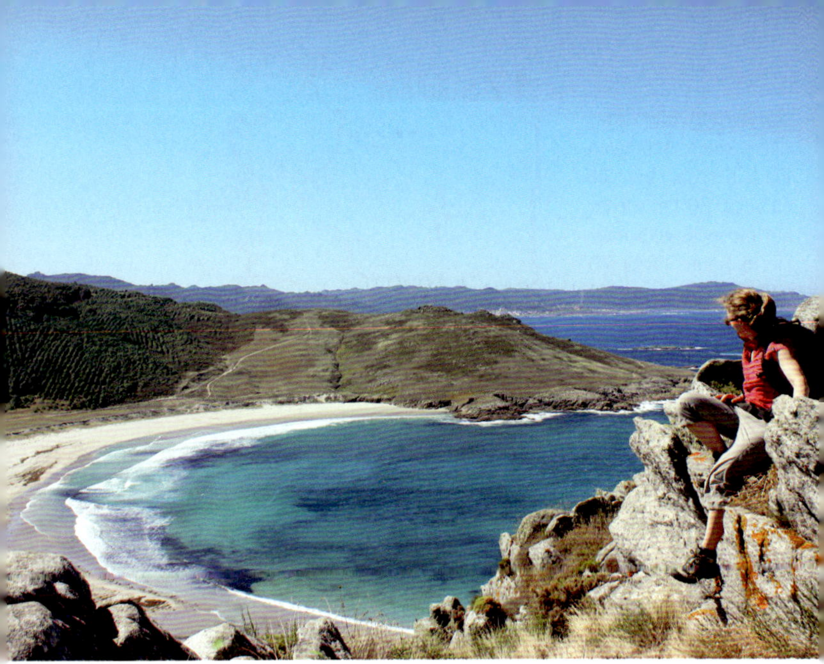

Auf dem Peñon do Castro mit Blick auf die Praia de Soesto

✎ Achten Sie auf dem folgenden Abschnitt bis zum Gipfel des Peñon do Castro stets auf die grüne Markierung der Ruta dos Faros am Boden und ignorieren Sie die zahlreichen nicht markierten Abzweigungen.

Der schmale Wanderweg verläuft zunächst recht flach durch Wiesen entlang der Küste Richtung Südwesten. Ein paarmal müssen Sie über flache Grenzmauern steigen. Ab km 4,5 führt der Pfad plötzlich sehr steil hinauf zu einer Hochebene und weiter bis zum Gipfel des **Peñon do Castro ❸**, von dem Sie einen traumhaften Blick auf den dahinterliegenden, idyllischen, weißen Sandstrand **Praia de Soesto** genießen. Ein schmaler Wanderweg führt hinunter zum Strand, der trotz seiner großen Beliebtheit unter Surfern nie überlaufen ist.

Der Auf- und Abstieg des Peñon do Castro ist der schwierigste Teil der Wanderung. Kleinen Kindern müssen Sie über die zum Teil hohen Steinabsätze helfen.

Gehen Sie am Sandstrand entlang Richtung Südwesten. Am Ende des Strandes führt ein Trampelpfad wenige Hm hinauf zu einem breiten Wanderweg, der Teil der Wanderung PR-G 114 und mit weiß-gelben Markierungen versehen ist.

Folgen Sie dem Weg nun wieder zurück nach Laxe Richtung Südosten. Sie laufen durch die naturgeschützte **Sanddünenlandschaft** über einen breiten Holzsteg bis zu einem großen Parkplatz mit vielen (teilweise etwas verwahrlosten) Picknicktischen und einem kleinen Kinderspielplatz. Gehen Sie den weiß-gelben Markierungen folgend weiter geradeaus auf einem breiten, unbefestigten, sandigen Wanderweg, der zunächst flach, dann steiler zurück zur Hochebene des Gipfels Peñon do Castro führt. Vor Ihnen taucht wieder das Dorf Laxe auf. Nun wandern Sie, den Markierungen und Schildern folgend, immer geradeaus Richtung Laxe. Ab km 8 folgen Sie der Rúa Santa Rosa nach Osten. Bleiben Sie auf der **Rúa Santa Rosa** und ignorieren Sie alle Abzweigungen nach rechts und links. Bei der **Kreuzung** bei km 8,2 verlassen Sie die markierte Wanderroute PR-G 114 und gehen weiter geradeaus durch das Dorf, vorbei an einem kleinen Kinderspielplatz mit Sitzbänken und Brunnen. Kurz vor dem Ziel biegen Sie einmal links, dann gleich wieder rechts ab und befinden sich wieder am Ausgangspunkt.

Der Hafen von Laxe

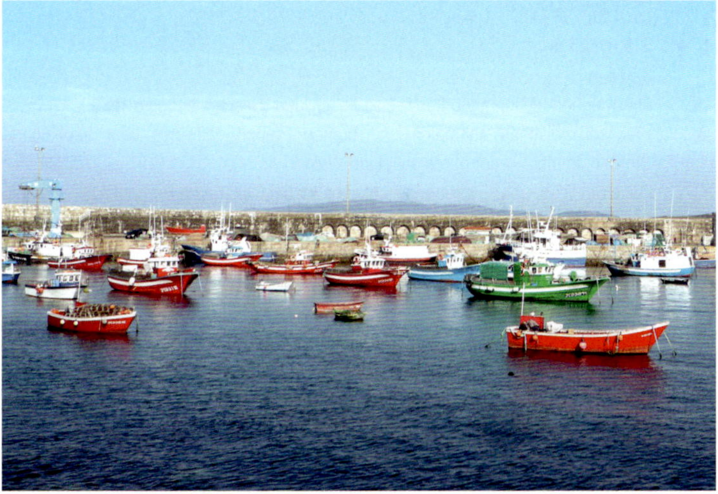

⑱ Auf den Spuren des Keltenkönigs Breogán zum Dolmen de Dombate und dem Castro de Borneiro

Wanderung für archäologisch Interessierte und Naturfreunde

Die höchst abwechslungsreiche Wanderung kombiniert die Ruta arqueolóxica por Borneiro R-1 und die Ruta do Rego dos Muiños R-3 und hat unglaublich viel zu bieten: Sie steigen zunächst hinauf auf den Aussichtspunkt Miradoiro da Fernandiña mit spektakulärer Aussicht auf die Ría de Corme e Laxe, besuchen dann das jahrtausendealte Steingrab Dolmen de Dombate und statten dem idyllisch gelegenen Castro de Borneiro einen Besuch ab. An unzähligen alten Mühlen vorbei wandern Sie durch den Wald zurück nach Cabana de Bergantiños und spazieren die letzten Kilometer entlang des schönen Küstenpanoramaweges zum Ausgangspunkt zurück.

Start/Ziel: Rathaus Concello da Cabana de Bergantiños, GPS N 43°13.143' W 008°55.800'

17 km

ca. 4 Std. 30 Min.

523 m/523 m

8-378 m

überwiegend nicht markiert, teilweise beschildert (Beschreibung im Text)

Wechsel zwischen schmalen und breiten Pfaden, teilweise über asphaltierte Straßen, immer wieder durch schattige Wälder

keine am Weg, aber Einkehrmöglichkeiten im Ort Cabana de Bergantiños

Picknicktische bei km 7,7 und km 11,6, ab km 12,5 Sitzbänke in regelmäßigen Abständen

WC Beim Dolmen de Dombate befinden sich Toiletten (km 9,4).

Super As Grelas (km 14,9)

Praia da Carballa (km 16,5)

Die abwechslungsreiche Wanderung ist für wandergeübte Kinder ab zehn Jahren geeignet. Naschen Sie Brombeeren am Wegesrand, besuchen Sie das Museum Dolmen de Dombate, erkunden Sie das Castro de Borneiro und fotografieren Sie Libellen entlang der Ruta Rego dos Muiños. Sie müssen mehrmals die Landstraße AC-430 queren (km 0,1, 7,3, 10,9, 11,8) und von km 11,8 bis 12,2 kurz an der Landstraße entlanggehen. Seien Sie mit Kindern hier besonders vorsichtig!

Es ist nicht die gesamte Wanderung für den Buggy geeignet. Mit dem Kinderwagen können Sie aber die Strecke vom Dolmen de Dombate bis zum Castro de Borneiro wandern (km 9,7-11,3). Auch die Strandpromenade in Cabana de Bergantiños eignet sich für einen schönen Spaziergang (km 15-17).

Die Wanderung ist für Hunde gut geeignet. Es gibt entlang des zweiten Teils der Wanderung mehrere Brunnen (z. B. km 7,7, 11,7). Nehmen Sie für den ersten Teil genügend Wasser mit.

P zahlreiche Parkmöglichkeit an der Straße beim Rathaus

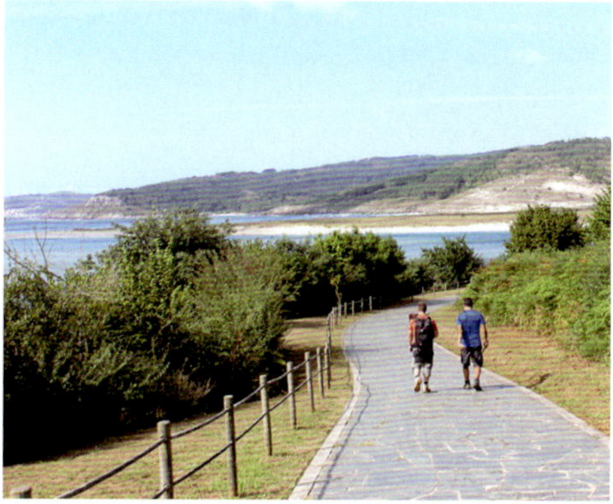

Strandpromenade in Cabana de Bergantiño

Parken Sie in der Nähe des Rathauses im Dorfzentrum von Cabana de Bergantiños. Laufen Sie nach Südosten zur Hauptstraße. Sie folgen zunächst dem rot gefärbten Gehweg an der Hauptstraße Carretera General AC-429 entlang Richtung Westen. Nach etwa 200 m biegen Sie nach links auf eine Seitenstraße ab, um gleich bei der ersten Möglichkeit wieder rechts abzubiegen. Sie wandern durch die Siedlung **As Revoltas** bergauf. Bei der zweiten Gelegenheit biegen Sie wieder links ab.

Bei km 0,7 biegen Sie beim ehemaligen **Café Doce Bocado** (zum Zeitpunkt der Veröffentlichung dieses Wanderführers geschlossen) nach rechts ab und folgen der Straße steil hinauf. Nach weiteren 200 m gelangen Sie zu einer Weggabelung. Linker Hand befindet sich ein *hórreo* (= Kornspeicher). Sie biegen hier rechts ab, um nach wenigen Schritten wiederum links in den Wald abzubiegen. Der idyllische Waldweg führt nun in einigen Kehren steil bergauf und mündet nach ca. 1,5 km in einen breiten Wirtschaftsweg. Sie biegen bei dieser ersten Waldkreuzung (km 2,4) scharf nach rechts ab und laufen auf dem flachen Weg geradeaus, bis der Wirtschaftsweg in einen breiten Querweg mündet. Diesem folgen Sie nach rechts bergauf. Sie gehen die lange Linkskurve aus und halten sich bei der nächsten Weggabelung wiederum rechts.

Zunächst steigt der Weg steil an, flacht dann aber bald wieder ab. Bei der **Abzweigung bei km 3,7** ❶ biegen Sie rechts auf den breiten Verbindungsweg ab und gelangen nach 200 m auf die beschilderte Wanderroute Ruta arqueolóxica por Borneiro R-1. Sie folgen der Markierung auf den Aussichtspunkt **Miradoiro da Fernandiña** ❷ hinauf, von wo aus Sie einen spektakulären Ausblick auf die gegenüberliegende Flussmündung des Río Anllóns mit der eindrucksvollen, 2 km langen und 400 m breiten Landzunge Ensenada da Insua genießen.

Mirador de Fernandiña

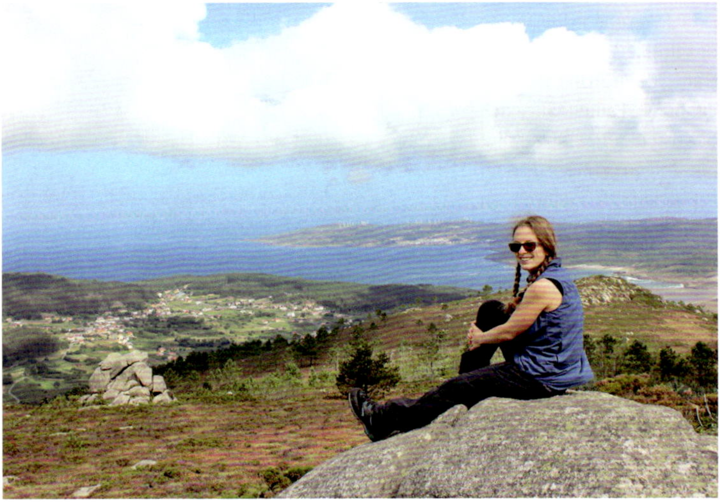

Sie gehen wieder zurück, den breiten, geraden Weg bergab. Bei der ersten Gelegenheit biegen Sie nach rechts ab und folgen der überwiegend gut beschilderten Wanderroute R-1 auf dem breiten Wirtschaftsweg durch den Wald bis zum Örtchen **Borneiro** (ignorieren Sie die zwei Abzweigungen nach rechts) und von dort nach links weiter bis zur Landstraße AC-430, die Sie vorsichtig queren (✋ kein Fußgängerübergang). Sie folgen der Beschilderung bis zur wunderschön gelegenen Kirche ✞ **Capela do Briño** ❸ aus dem 16. Jh. Schattige Picknicktische laden zu einer Rast ein. Hinter der Kirche befindet sich ein großer, asphaltierter Parkplatz, den Sie queren.

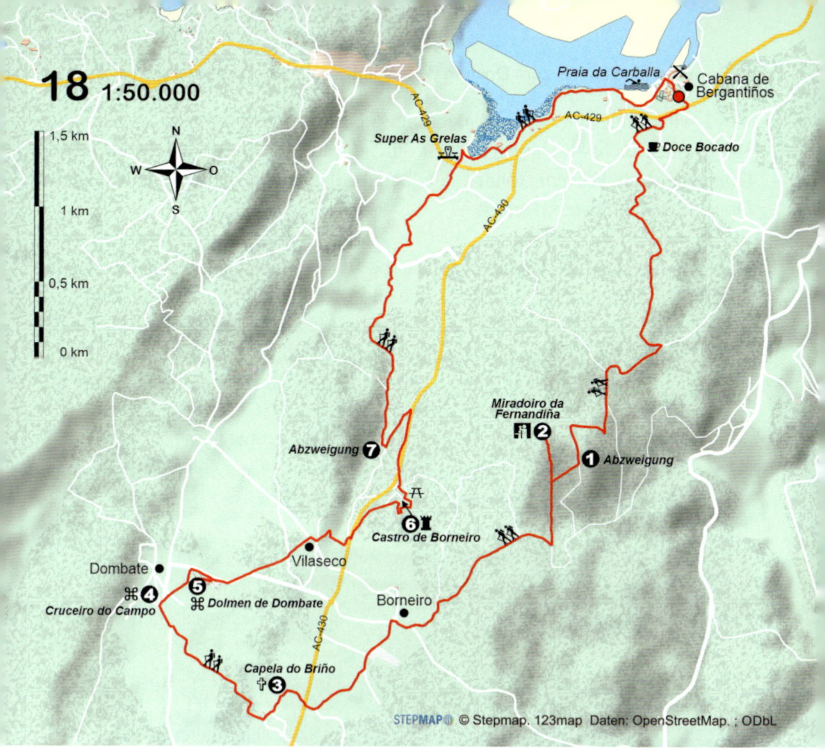

18 1:50.000
1,5 km
1 km
0,5 km
0 km
N
W
O
S
Praia da Carballa
Cabana de Bergantiños
AC-429
AC-430
Super As Grelas
Doce Bocado
Miradoiro da Fernandiña
2
1 Abzweigung
Abzweigung 7
6 Castro de Borneiro
Vilaseco
Dombate
4 Cruceiro do Campo
5 Dolmen de Dombate
Borneiro
Capela do Briño 3
© Stepmap. 123map Daten: OpenStreetMap. ; ODbL

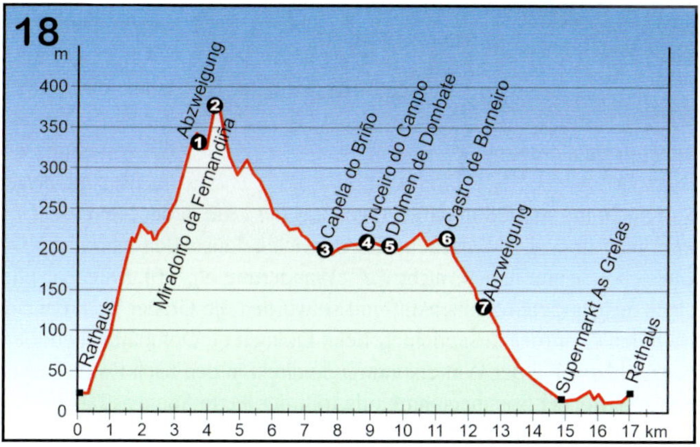

18
m
400
350
300
250
200
150
100
50
0
Rathaus
1 Abzweigung
2 Miradoiro da Fernandiña
3 Capela do Briño
4 Cruceiro do Campo
5 Dolmen de Dombate
6 Castro de Borneiro
7 Abzweigung
Supermarkt As Grelas
Rathaus
0 1 2 3 4 5 6 7 8 9 10 11 12 13 14 15 16 17 km

Hier fehlt eine klare Markierung: Sie folgen der schmalen, asphaltierten Straße nach rechts Richtung Westen durch Wald und Wiesen bis zum Örtchen **Dombate**. Von Weitem können Sie bereits das große Museumsgebäude des Dolmen de Dombate erkennen.

Beim Wegkreuz ⌘ **Cruceiro do Campo** ❹ im Ort halten Sie sich rechts und gehen dann geradeaus weiter durch eine ausgeschilderte Sackgasse auf das Museumsgebäude zu. Kurz vor der Mauer, die das Museumsareal umgibt, biegen Sie nach links auf einen schmalen Pfad ab und gehen entlang der Mauer bis zur Fahrstraße und dann weiter zum Eingang des Museums ⌘ **Dolmen de Dombate** ❺.

⌘ Dolmen de Dombate, ☏ 672 435 736, täglich 9:00-14:00, 15:00-21:00, ☺ vom 1.7. bis 16.9. werden halbstündlich kostenlos sehr informative Führungen auf Spanisch oder Galicisch angeboten, freier Eintritt, WC

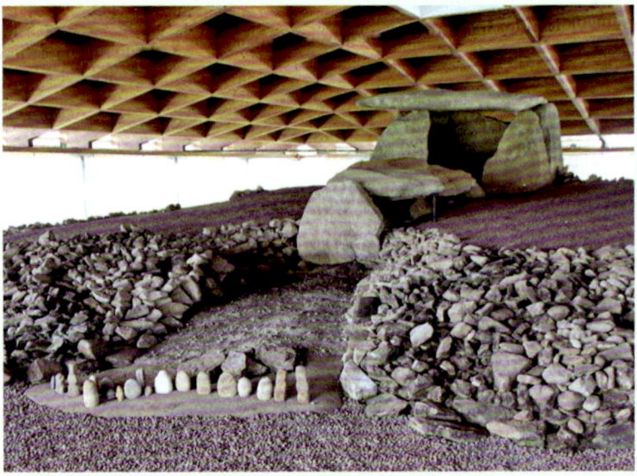

Dolmen de Dombate

Der Dolmen de Dombate ist eines der besterhaltenen Hügelgräber Galiciens. Er wurde 3800 v. Chr. aufgestellt und ist damit 1.500 Jahre älter als die Pyramiden von Gizeh! Mit einem Durchmesser von 24 m erreicht das Hügelgrab eine beträchtliche Größe. Die aufrechten Trägersteine des Dolmens sind insgesamt 4-5 m hoch; nur ca. 1,8 m davon ragen aus der Erde. Jeder Stein wiegt 7-8 t. Viel weiß man über die Menschen, die vor vielen Tausenden Jahren die Dolmen in Galicien errichtet haben, nicht (☞ Wanderung Nr. 10). Offenbar pflegten sie einen ausgeprägten Sonnenkult und so wurden die Gräber nach der Sonne und nach den Gestirnen ausgerichtet: Beim Dolmen de Dombate fällt der erste Sonnenstrahl am Tag der Wintersonnwende direkt in den nach Osten ausgerichteten Eingang. Bei der Sommersonnwende trifft der letzte Sonnenstrahl bei Sonnenuntergang auf den großen Stein in der Mitte des Dolmens.

Nach einem Besuch des Museums gehen Sie auf dem Gehweg neben der Landstraße Richtung Osten. Bei der ersten Rechtskurve (km 9,9) folgen Sie der Beschilderung „R-1" nach links auf einen Hohlweg. Dieser Weg führt durch Wälder und Felder und quert einmal eine schmale Asphaltstraße. Schließlich gelangen Sie in das kleine Örtchen **Vilaseco**. Sie folgen den Schildern „R-1" weiter Richtung Osten, bis Sie wieder zur Landstraße AC-430 gelangen, die Sie bei einem Zebrastreifen queren.

Ein paar Meter nördlich führt ein Schild mit der Aufschrift „Castro da Cidá" nach rechts hinauf in den Wald zum **♜ Castro de Borneiro ❻** (☞ Wanderung Nr. 1).

Die Keltenburg Castro de Borneiro war während der Eisenzeit vom 4. bis zum 1. Jh. v. Chr. besiedelt. Bevor die Römer nach Galicien vordrangen, wurde sie aufgegeben, weshalb es sich um eines der wenigen ursprünglichen Castros Galiciens handelt, das nicht architektonisch von den Römern beeinflusst wurde. Das Castro war umgeben von drei hohen Mauern und einem Burggraben. Die ovalen Wohnhäuser befanden sich im Inneren der Mauern. Beim Haupteingang im Osten befand sich eine Sauna mit einem großen Ofen, in der religiöse Riten vollzogen wurden.

Wandern Sie am östlich gelegenen Eingang des Castros und an der ehemaligen Sauna vorbei zu einem schattigen ⛼ Rastplatz und weiter zur AC-430. Sie müssen die Straße AC-430 ein letztes Mal queren.

✋ Seien Sie hier besonders vorsichtig!

Folgen Sie der AC-430 etwa 400 m bergab, bis links ein Waldweg abzweigt, den Sie einschlagen. Bei der ersten **Abzweigung ❼** (km 12,5) stoßen Sie auf die markierte Wanderroute Ruta Rego dos Muiños R-3. Hier biegen Sie nach rechts ab und folgen von nun an der Beschilderung „R-3" über idyllische Wanderwege durch den Wald, immer am Flüsschen Rego dos Muiños entlang Richtung Cabana de Bergantiños.

Schon bald passieren Sie die ersten Mühlen. Insgesamt kommen Sie an 24 Mühlen vorbei. Die meisten sind verfallen, ein paar sind aber noch sehr gut erhalten und können besichtigt werden. Mehrere Informationsschilder erklären die Funktionsweise der Mühlen und die Rolle, die Mühlen bis vor nicht allzu langer Zeit im Alltag der Galicier spielten. Leider sind die Schilder nur auf Spanisch und

Galicisch verfasst. Sie queren bei km 13,3 eine schmale Asphaltstraße. Weiter geht es am Flüsschen entlang an einigen Rastplätzen und Sitzbänken vorbei. Abschnittsweise wandern Sie über breite Holzstege. Bei km 14 und 14,6 queren Sie noch einmal eine Straße. Schließlich gelangen Sie zum Ortsteil **As Grelas** der Gemeinde Cabana de Bergantiños. Queren Sie die Straße beim Zebrastreifen und gehen Sie am kleinen **Supermarkt As Grelas** (10:00-13:30 und 17:00-21:00) und dem weitläufigen Parkplatz vorbei bis zur Flussmündung Richtung Meer.

Auf einem breiten, mit großen Steinen gepflasterten Küstenpanoramaweg spazieren Sie Richtung Osten an einem Kinderspielplatz und mehreren Sitzbänken vorbei und bis zum Strand **Praia da Carballa**. Hinter dem weißen Sandstrand liegt ein **Park**, den Sie queren. Dann biegen Sie rechts ab und gehen an mehreren gelben Häusern vorbei zurück zum Ausgangspunkt.

Der keltische König Breogán

Der keltische König Breogán, der aus Cabana de Bergantiños stammen und in der Eisenzeit geherrscht haben soll, nahm wesentlich Einfluss auf die Geschichte Irlands und Schottlands. So soll König Breogán in der Stadt Brigantia (heutiges A Coruña) einen großen Turm, den Torre de Hércules errichtet haben soll, von dem aus er bei gutem Wetter eine grüne Küste im Norden erkennen konnte. Neugierig machte sich der König mit seinen Söhnen auf, um das fremde Land zu erkunden. Während dieser zunächst friedlichen Expedition wurde Breogáns Sohn Ith von den Einwohnern der Insel hinterhältig ermordet. Aus Rache machte sich Breogáns Enkel Míl einige Jahre später wieder nach Irland auf und eroberte die Insel. Dort herrschten die Galicier fast 2.000 Jahre lang, bis Irland von den Normannen im 12. Jh. eingenommen wurden. Míl brachte der Legende nach auch den Krönungsstein *Stone of Scone*, heute noch eines der wichtigsten Symbole Schottlands, von Galicien nach Schottland.

Wissenschaftlich belegt ist die galicische Herrschaft in Irland zwar nicht, auch wenn sich die Legende aus den Ausführungen im "Buch der Landnahmen Irlands" (Lebor Gabála Érenn, irisches Sammelwerk, das zwischen dem 9. Jh und dem 11. Jh entstanden ist und die Geschichte Irlands erzählt) ergibt, dass die Galicier jedoch heute noch überzeugt von der Geschichte Breogáns sind, zeigt sich darin, dass in der galicischen Volkshymne Galicien als „Heimat Breogáns“ besungen wird.

Rías Altas

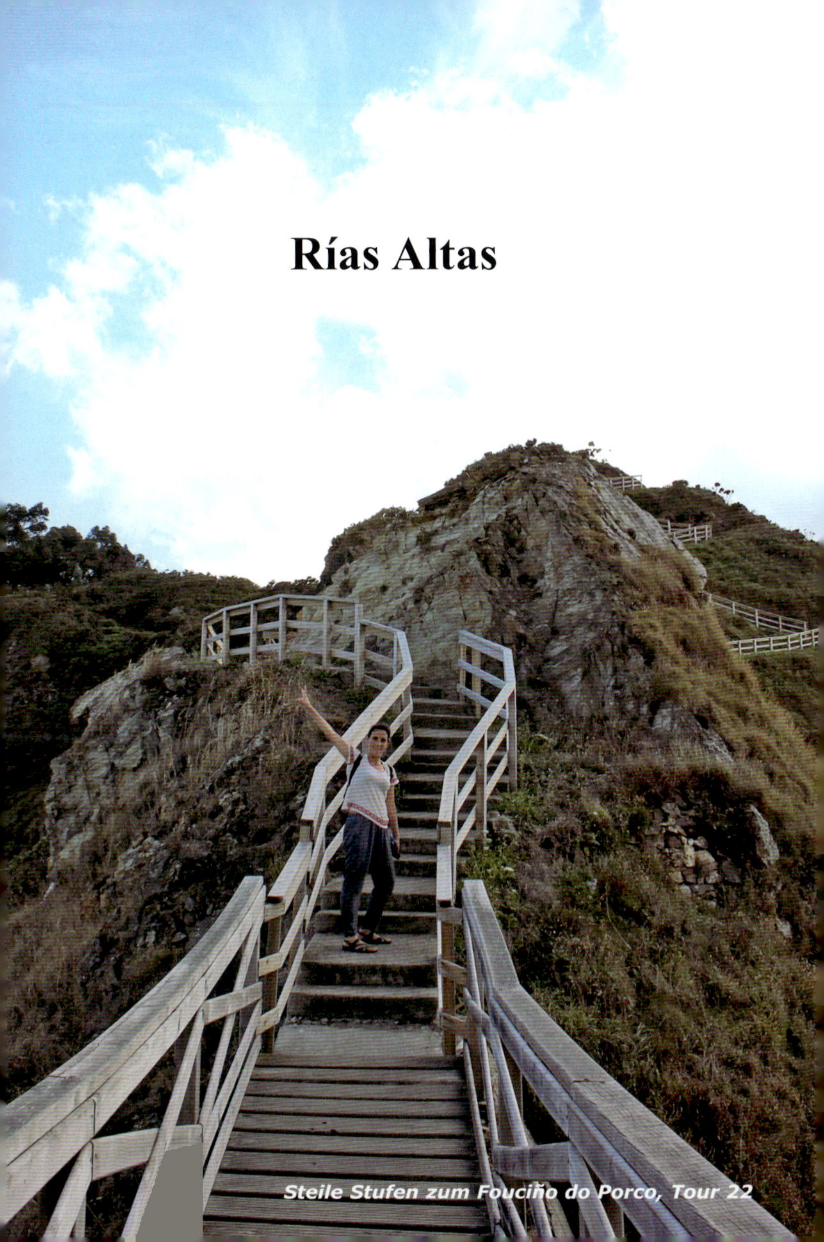

Steile Stufen zum Fouciño do Porco, Tour 22

⑲ Nach San Andrés de Teixido und zu den höchsten Klippen Kontinentaleuropas

Anspruchsvolle Wanderung für Naturfreunde und Legendenliebhaber

Entlang der wilden Steilküste der Costa Ártebra wandern Sie vom Punto de Candieira über den Monte Tarroiba und die Hochebene Chao do Monte, am steinernen Wald vorbei und bis nach San Andrés de Teixido. Wer diesen Wallfahrtsort nicht als Lebender besucht, der muss der Legende nach als Toter dorthin pilgern – ergreifen Sie die Chance und erledigen Sie die Wallfahrt am besten gleich! Anschließend steigen Sie steil hinauf am Cruceiro do Curutelo vorbei zu der Vixía Herbeira, den höchsten Klippen Kontinentaleuropas. Hier genießen Sie eine atemberaubende Aussicht auf die schroffen Klippen der Rias Altas.

→ Start: Miradoiro Punto de Candieira an der CP-2203 nördlich der Stadt Cedeira, GPS N 43°42.254' W008°03.017', Ziel: Vixía Herbeira, kurz vor km 6 der DP-2205, GPS N 43°43.343' W 007°56.701'

13,2 km

ca. 4 Std. 30 Min.

↑ ↓ 1.057 m/592 m

⇧ 109-626 m

Die Wege sind zunächst mit weißen und gelben Balken, dann mit roten und weißen Balken dürftig markiert. Der zweite Teil ist nicht markiert.

Kurzweiliger Wechsel zwischen breiten und schmalen Wander- und Waldwegen; der letzte Teil verläuft über almähnliche Wiesen ohne Weg. Vor allem nach Regenfällen können die Wege rutschig, sehr nass und schlammig sein. Achten Sie auf gutes Schuhwerk!

In San Andrés de Teixido gibt es sehr gute Restaurants und Bars (km 7,9-8,2).

Auf der Wanderung finden Sie in regelmäßigen Abständen schöne Picknicktische und Bänke, die zu einer Rast einladen.

WC In San Andrés de Teixido gibt es öffentliche Toiletten (km 8,4).

Die Wanderung ist für wandergeübte Kinder ab zehn Jahren geeignet, wobei Kondition und Bergerfahrung erforderlich sind. Für kleine Kinder ist die Wanderung zu anstrengend. Erzählen Sie Ihren Kindern die Legenden, die sich um San Andrés de Teixido ranken.

Die Wanderung ist nicht für den Buggy geeignet.

Der Weg ist gut für Hunde geeignet. Es gibt um San Andrés de Teixido immer wieder Trinkgelegenheiten. Wenn Sie Wildpferden begegnen, leinen Sie Ihren Hund an.

Parkmöglichkeit beim Start und beim Ziel

Für den Rücktransport von den Klippen Vixía Herbeira zurück zum Ausgangspunkt oder nach Cedeira müssen Sie ein Taxi organisieren. Jorge Piñón Pernas bietet einen 24-h-Taxidienst in der Gegend an, ☏ 649 288 049, jorgetaxistacedeira@gmail.com, www.cedeirataxi.es (eine Fahrt kostet ca. € 15).

Die Wanderung beginnt beim **Miradoiro Punto Candieira**. Sie gehen zunächst auf der Straße CP-2203 Richtung Südosten und biegen nach 130 m links auf einen unbefestigten Weg ab, der Sie durch einen Pinien- und Eukalyptuswald führt. Nach kurzer Zeit lichtet sich der Wald und Sie haben einen wunderbaren Ausblick auf den tiefer gelegenen Leuchtturm **Faro de Punta Candieira**. Gehen Sie immer geradeaus weiter, bis Sie zu einem Informationsschild beim **Monte Tarroiba** gelangen. Von dort geht es auf einem schmalen Pfad recht steil bergab zu einer Aussichtsbank. Von hier aus blicken Sie auf San Andrés de Teixido mit der vorgelagerten Insel A Barca, die aussieht wie ein gekentertes Schiff, dessen Rumpf aus dem Wasser ragt.

Der Legende nach erlitt der heilige Andreas an den Klippen im hohen Norden Galiciens Schiffbruch – bei der vorgelagerten Insel A Barca soll es sich um das mittlerweile versteinerte Schiff des heiligen Andreas handeln. Der Heilige ließ in Teixido einen Wallfahrtsort errichten. Da die Menschen jedoch weiterhin nur nach Santiago, nicht aber nach Teixido pilgerten, war der heilige Andreas sehr verärgert. Eines Tages erschien ihm der liebe Gott und Andreas klagte ihm sein Leid. Gott beruhigte ihn mit den Worten: „Mach' dir keine Sorgen. Du wirst sehen: Alle Lebenden werden nach San Andrés de Teixido kommen. Und diejenigen, die es nicht zu Lebzeiten schaffen, werden nach ihrem Tod als Tier wiedergeboren – spätestens dann werden Sie zu deinem heiligen Tempel pilgern müssen." Die Galicier nehmen diese Legende sehr ernst. Jeder versucht, den Wallfahrtsort zumindest einmal zu Lebzeiten zu besuchen, damit ihm eine Wiedergeburt als Tier erspart bleibt.

Etwa 100 m weiter halten Sie sich bei der Weggabelung links. Folgen Sie dem Wanderweg und den weiß-gelben Markierungen, bis Sie zu einem Zaun gelangen. Steigen Sie über den **Zauntritt** (km 4,4) und gehen Sie geradeaus auf dem breiten Wiesenweg weiter.

☺ Rechts und links wachsen wilde Brombeeren!

Ca. 700 m nach dem Zauntritt biegen Sie bei der unscheinbaren und nicht markierten **Abzweigung ❶** nach links ab und machen einen kurzen Abstecher zu einem bei Einheimischen beliebten Aussichtspunkt. Bei gutem Wetter eignet sich dieser Ort gut für eine Rast.

Sie kehren wieder zum Weg zurück und folgen ihm weiter nach links. Gehen Sie geradeaus, die Abzweigung nach rechts bei km 5,3 ignorierend. Bei der **Kreuzung bei km 5,9 ❷** verlassen Sie den breiten Wiesenweg, biegen nach links ab und gehen auf einem schmalen Wanderweg den gelb-weißen Markierungen folgend (die Pfeile zeigen allerdings in die entgegengesetzte Richtung!) bergauf. Folgen Sie den Markierungen weiter bergauf bis zum **Miradoiro Chao do Monte**, der sich hinter der Antennenanlage auf der Hochebene Chao do Monte befindet.

Im Pinienwald auf der Hochebene stehen einige Picknicktische und Sitzgelegenheiten. Südöstlich der Antennenanlage führt ein breiter, unbefestigter und mit weißen und roten Pfeilen markierter Weg, der teilweise sehr uneben ist, in vielen Kehren am **Bosque Petrificado** (= steinerner Wald), an einigen Bänken und am Brunnen **Fonte do Peregrino** vorbei und hinunter nach San Andrés de Teixido.

Sie passieren eine kleine Brücke und gelangen in den Wallfahrtsort mit der schönen Kirche **Igrexa de San Andrés de Teixido ❸** aus dem 16. Jh.

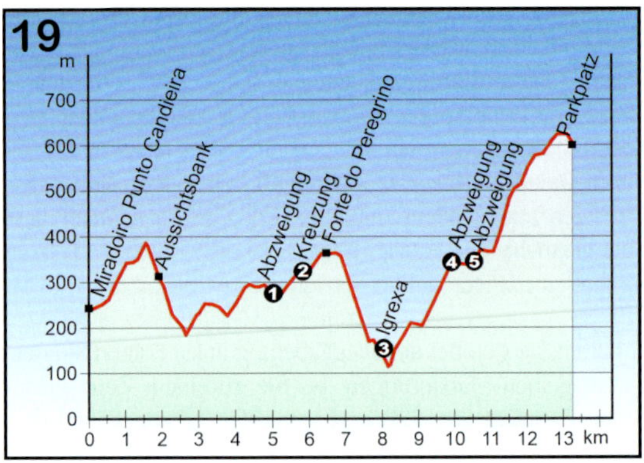

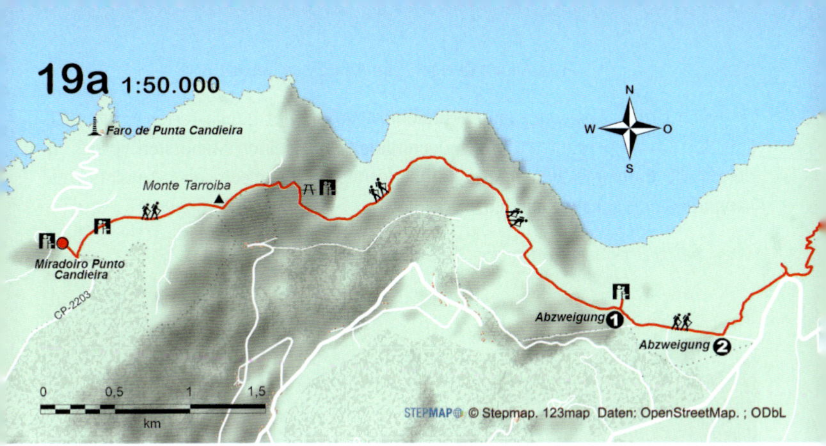

✕ 🍷 Um die Kirche herum finden Sie einige Restaurants, Bars, öffentliche Toiletten und Souvenirshops.

✕ Mesón Eiravella, San Andres de Teixido 25, 15358 Cedeira, ☏ 645 944 130, täglich 10:00-23:00

♦ Os Loureiros, San Andres de Teixido 25B, 15358 Cedeira, ☏ 648 820 220, täglich 11:00-21:00

♦ Taberna Hermanos Bouza, San Andres de Teixido 5, 15358 Cedeira, ☏ 638 844 936, täglich 9:00-23:00

Westlich der Kirche führt ein Weg hinab zum Brunnen Fonte dos Tres Canos.

Der Wunschbrunnen

Der Brunnen Fonte dos Tres Canos (= Brunnen der drei Rohre) wird auch Fonte do Santo (= Brunnen des Heiligen) genannt. Diesen sucht man auf, wenn man wissen möchte, ob der heilige Andreas eine Bitte oder einen Wunsch erfüllen wird oder nicht. Zunächst muss der Wunsch an den Heiligen ausgesprochen werden, dann soll man aus den drei Rohren des Brunnens trinken. Schließlich wirft man einen Brotkrümel in das Wasser. Wenn er schwimmt, bedeutet dies, dass der Heilige die Bitte gewährt und man ein Jahr lang Glück haben wird. Geht das Brotstück jedoch unter, wird der Wunsch nicht erfüllt. Der Gläubige muss dann noch einmal nach San Andrés pilgern und darf den Wunsch noch einmal äußern.

Nach einem Abstecher zum Brunnen folgen Sie der gepflasterten Straße östlich der Kirche bergauf und an Souvenirläden und kleinen Ständchen vorbei, an denen die Einheimischen *roscas*, kringelförmige Süßspeisen, und Amulette, die *sanandresiños* genannt werden, verkaufen.

Weg beim Brunnen Fonte dos Tres Canos

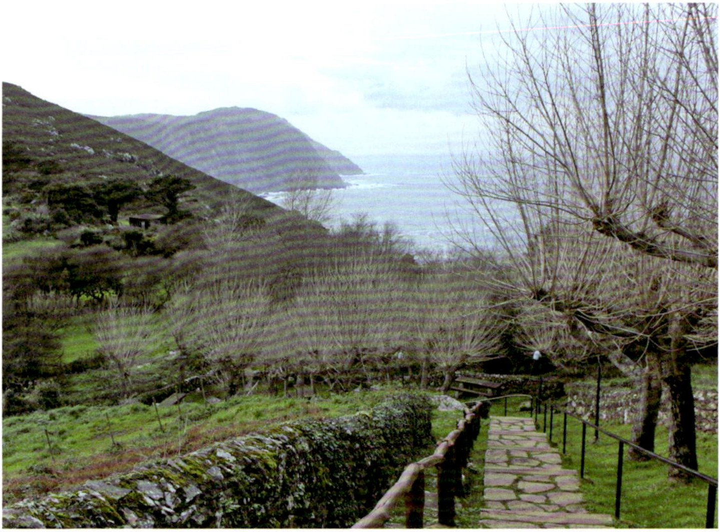

Sanandresiños wurden ursprünglich aus Brot geformt und bemalt, mittlerweile werden sie aus Wachs hergestellt. Es handelt sich um Glücksbringer, die je nach Form verschiedene Bedeutungen haben: Der Heilige bringt Gesundheit und Freundschaft, die Blume ist ein Zeichen der Liebe, die Hand bedeutet Glück im Studium, der Fisch sichert Wohlstand und gutes Essen, die Leiter soll die Karriere vorantreiben, das Schiff beschützt den Träger während langer Reisen, die Krone des heiligen Andreas bringt Schutz und die Taube verkörpert Frieden.

Einige Verkäufer werden versuchen, Ihnen *herba de namorar* zu verkaufen. Das Kraut steht aber unter Naturschutz! Sollten Sie wirklich einen Liebeszauber benötigen, suchen Sie sich lieber eine Strandgrasnelke. Die sieht ähnlich aus und wächst hier fast überall.

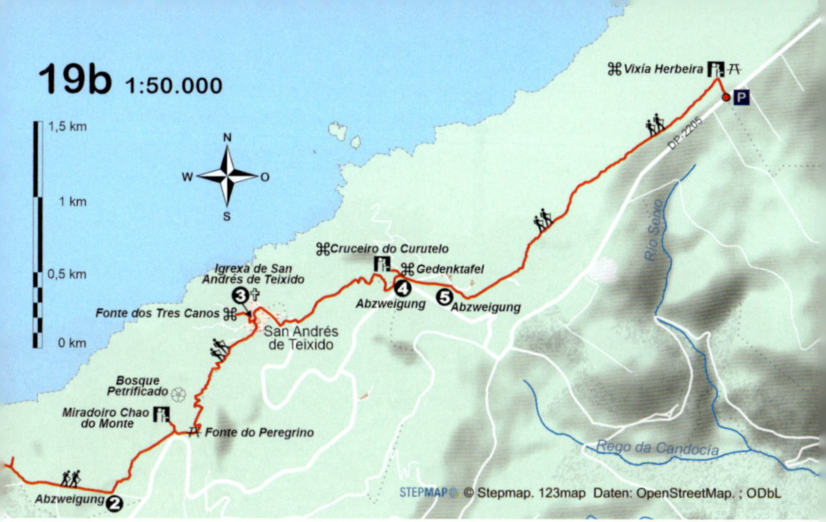

Herba de namorar – das Kraut der ewigen Liebe

Um San Andrés de Teixido (und generell an den Küsten Galiciens) wächst eine Blume, die *herba de namorar*, zu Deutsch in etwa „Kraut der ewigen Liebe", genannt wird. Es handelt sich um ein Heilkraut, das dem alten galicischen Volksglauben nach ein Wundermittel gegen Liebeskummer sein soll. Es wird geraten, die weiße oder rosarote Blume in der Johannisnacht zu pflücken. In dieser magischen Nacht sei ihre Kraft am stärksten. Das Blümchen gibt man sodann unauffällig in die Tasche der begehrten Person, möglichst ohne, dass diese es merkt. Dadurch soll das Schicksal beider Personen für immer verbunden werden.

Die gepflasterte Straße mündet in die Asphaltstraße DP-2205, der Sie 200 m bergauf folgen. Biegen Sie bei der ersten Gelegenheit links ab und folgen Sie dem Schild „Aparcamiento" und der roten Markierung (roter Pfeil und Aufschrift „Trail" am Boden) steil hinauf bis zum großen Parkplatz. Ganz oben beim **Parkplatz** folgen Sie links einem breiten Hohlweg in den Wald. Sie kommen zu einer sumpfigen Lichtung, an der im Frühling und Sommer wunderschöne Blumen blühen, bevor der Weg in steilen Kehren über Stock und Stein weiter bergauf führt.

Nach Regenfällen ist dieser unebene und mit zum Teil losen, großen Steinen und vielen Ästen durchsetzte Weg sehr unwirtlich und rutschig.

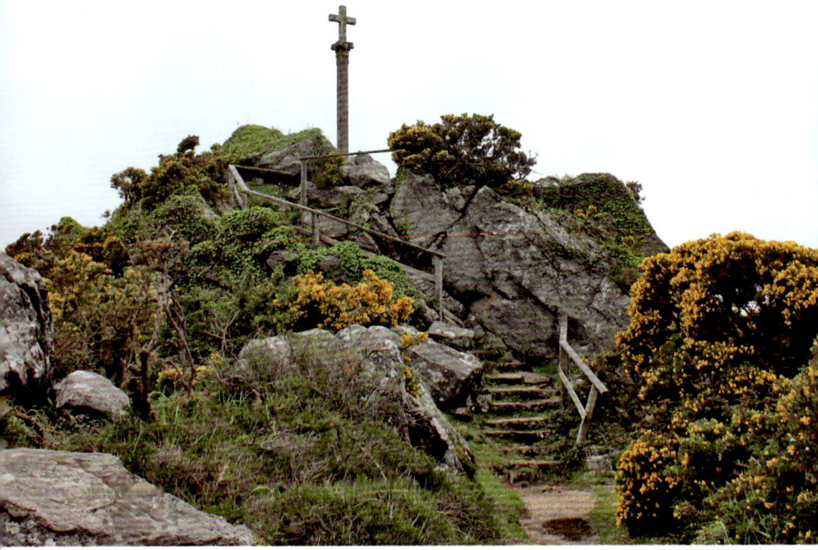

Cruceiro do Curutelo

Kurz nach einer weiteren 🪑 ⛩ Aussichtsbank lichtet sich der Wald. Bei der **Abzweigung bei km 9,9 ❹** machen Sie einen Abstecher zur links gelegenen ⌘ **Gedenktafel für Leslie Howard**, der mit 50 Jahren an diesen Klippen bei einem Flugzeugabsturz während einer Reise von Lissabon nach Bristol ums Leben kam. Die holländische Douglas DC-3, mit der Howard unterwegs war, wurde 1943 von der deutschen Luftwaffe abgeschossen, da die deutschen Soldaten das zivile Passagierflugzeug für ein feindliches Luftfahrzeug hielten. Gehen Sie weiter hinauf zum 🪑 ⌘ **Cruceiro do Curutelo** mit schöner Aussicht auf die höchsten Klippen Kontinentaleuropas, bevor Sie umkehren.

Zurück bei der **Abzweigung ❹** biegen Sie links auf einen schmalen Pfad ab.

✎ Der Weg ist nun nicht mehr markiert. Folgen Sie daher genau der nachfolgenden Beschreibung.

Nach ca. 100 m queren Sie eine asphaltierte Straße. Gehen Sie geradeaus weiter auf einem breiten, zunächst teilweise asphaltierten Weg. Bei der **Abzweigung bei km 10,5 ❺** biegen Sie nach rechts ab und folgen einem breiten, unbefestigten Weg immer geradeaus. Nach ca. 400 m biegt ein breiter, sehr steiler Weg nach rechts ab – dieser führt ins Nichts. Ignorieren Sie diesen Weg und biegen Sie stattdessen in den ein paar Meter weiter östlich abgehenden schmalen Parallelweg ein.

☝ Nach Regenfällen können sich hier kleine Sturzbäche bilden, die Sie etwas umständlich umgehen müssen.

Der Wald lichtet sich und Sie gelangen auf eine große Lichtung. Gehen Sie bis zum **Weidezaun**. Vor dem Zaun biegen Sie nach rechts ab und gehen auf den almänhlichen zu Wiesen werdenden Flächen immer am Weidezaun entlang steil bergauf. Hier gibt es keinen Pfad, orientieren Sie sich am Weidezaun. Je weiter Sie hinaufsteigen, um so spektakulärer wird die Aussicht. Bald tauchen rechts in einiger Entfernung Windräder und die einsame Fahrstraße DP-2205 auf.

☺ Auf den Hochplateaus weiden oft kleine Herden von Wildpferden.

Schließlich erreichen Sie die ⌘ **Vixía Herbeira**, die höchsten Klippen Kontinentaleuropas. Hier wurde in napoleonischer Zeit ein Militärstützpunkt, die ⌘ Garita, errichtet. Die Aussicht ist beeindruckend!

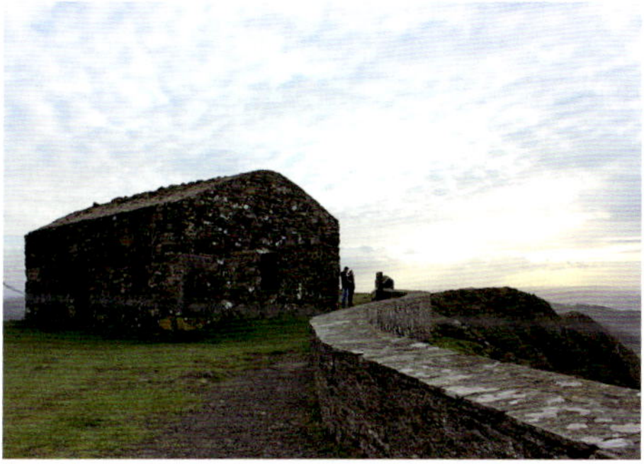

Garita auf der Vixía Herbeira

Sitzbänke laden zu einer verdienten Rast ein.

Gehen Sie hinunter auf die Fahrstraße und lassen Sie sich vom Taxi abholen (Parkplatz Vixía Herbeira, kurz vor km 6 der Fahrstraße DP-2205), das Sie zurück zum Ausgangspunkt bringt.

☺ Besonders ausdauernde Wanderer können denselben Weg auch wieder zurückwandern. Ohne die Abstecher, die Sie beim Hinweg gemacht haben, ist auf dem Rückweg eine Distanz von 12,6 km zu bewältigen.

20 Nach Loiba zur besten Bank der Welt und weiter zum Algenweg

Für Liebhaber wilder Klippen, weiter Blicke und einsamer Strände

Von der idyllischen Flussmündung der Ría de Ortigueira aus steigen Sie hinauf zum Aussichtspunkt Miradoiro Praia do Esteiro und wandern entlang steiler Klippen bis zur „besten Bank der Welt" beim Aussichtspunkt Coitelo. Sodann führt Sie die Wanderung hinunter zu drei unberührten, wilden Sandstränden, die kontrastreicher nicht sein könnten, und schließlich wieder hinauf zum Aussichtspunkt Pena Furada.

Start/Ziel: Parkplatz Praia do Esteiro, 2 km nordwestlich vom Dorf Bares, GPS N 43°44.875' W 007°43.373'

15,2 km

ca. 4 Std. 30 Min.

454 m/454 m

0-129 m

Die Wanderung führt zeitweise entlang der sehr gut ausgeschilderten und rotbraun markierten 7. Etappe der Ruta del Cantábrico: O Vicedo – Ladrido sowie von km 5,5 bis 7,9 entlang der nicht markierten Ruta das Algas.

Sie wandern über Holzstege, entlang schmaler, zum Teil sehr steiler Wanderwege, auf breiten Schotterwegen und queren lange Sandstrände. Der letzte Teil des Abstiegs zur Praia de Fábrega ist sehr steil, wobei Sie das dort befestigte Seil zur Hilfe nehmen können.

In den Sommermonaten sind Snackbars und Cafés beim Ausgangspunkt und in der Nähe des Aussichtspunkts Coitelo (km 3,9) geöffnet.

Bänke und Picknicktische entlang der Wanderung laden zu einer Rast ein.

zahlreiche Bademöglichkeiten am Weg

Die Wanderung ist für wandergeübte Kinder ab zehn Jahren geeignet, wobei für den steilen Abstieg zur Praia de Fábrega Kondition und etwas Bergerfahrung gefordert sind. Für kleine Kinder ist die Wanderung zu anstrengend. Seien Sie vorsichtig bei den ungesicherten Steilklippen!

Die Wanderung ist für den Kinderwagen zu anspruchsvoll.

Der Weg ist für Hunde gut geeignet. Es gibt aber kaum Wasserstellen. Nehmen Sie daher genug Wasser mit. Beim Abstieg zur Praia de Fábrega müssen Sie Ihrem Hund allenfalls helfen.

Parkmöglichkeit beim Ausgangspunkt

Bevor Sie die Wanderung beginnen, müssen Sie sich über die Gezeiten informieren (https://gezeitenfisch.com/es/lugo/viveiro). Der besonders eindrucksvolle Teil der Wanderung zwischen km 5,5-7,9 zu den wilden und einsamen Sandstränden Fábrega, Furada und do Carro sollte nicht bei Flut und keineswegs bei schlechtem und stürmischem Wetter begangen werden. Die Wanderung ist bei Flut wesentlich gefährlicher, da der Meeresspiegel rasch 3-4 m ansteigt.

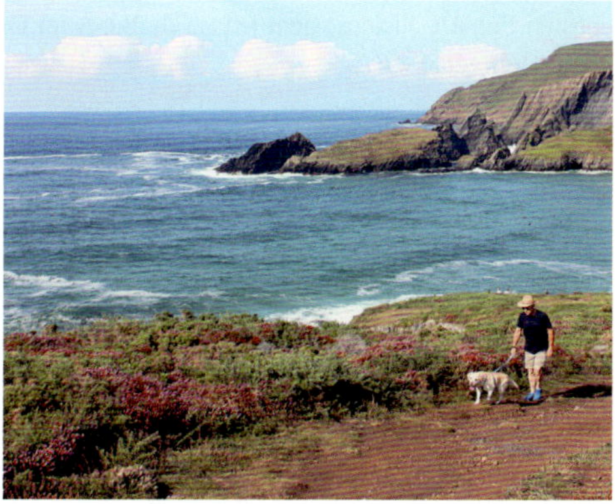

Aussichtspunkt Miradoiro Praia do Esteiro

Parken Sie beim Strand **Praia do Esteiro**, bei dem im Sommer ein Strandkiosk Erfrischungen und Snacks anbietet (keine festen Öffnungszeiten). Folgen Sie der Beschilderung „Mirador de Coitelo" und „El mejor banco del mundo" Richtung Südwesten. Zunächst wandern Sie entlang der Ruta del Cantábrico. Über einen Holzsteg gelangen Sie durch die schöne, naturgeschützte Dünenlandschaft der Mündung des Flusses Esteiro auf eine breite, unbefestigte Straße, bei der Sie scharf nach rechts abbiegen und der Beschilderung weiter folgen. Der Blick öffnet sich und Sie erreichen den Aussichtspunkt **Miradoiro Praia do Esteiro**. Von hier führt ein schmalerer Wanderweg kurz steil hinauf und sodann gemächlich, aber abwechslungsreich entlang der steilen Klippen Richtung Westen, vorbei an zahlreichen spektakulären Aussichtspunkten und mehreren Sitzbänken.

Beim kleinen Örtchen O Picón angekommen mündet der Wanderweg in eine schmale, asphaltierte Fahrstraße, der Sie nach rechts folgen. Halten Sie sich bei der nächsten Abzweigung rechts und gehen Sie weiter bis zum Aussichtspunkt **Miradoiro do Picón.**

Vom Aussichtspunkt aus führt eine steile Treppe hinunter zum Strand **Praia do Picón** – ein kurzer Abstecher lohnt sich!

Gehen Sie geradeaus weiter, bis die Straße einen scharfen Knick nach links macht (km 3,9). Hier verlassen Sie die Straße, halten sich rechts und gehen an einem großen Parkplatz mit vielen Picknicktischen und einer in den Sommermonaten geöffneten Bar (keine festen Öffnungszeiten) vorbei. Sie halten sich rechts und spazieren entlang eines breiten Pfades nun immer an den Klippen entlang zu einer ersten Aussichtsbank und weiter zum Aussichtspunkt **Miradoiro Coitelo** mit der **„besten Bank der Welt"** *(el mejor banco del mundo)* ❶, von wo aus Sie einen fantastischen Blick auf die Steilklippen zwischen dem nördlichsten Punkt Galiciens, dem Estaca de Bares im Osten und dem Cabo Ortegal im Westen genießen.

Die beste Bank der Welt

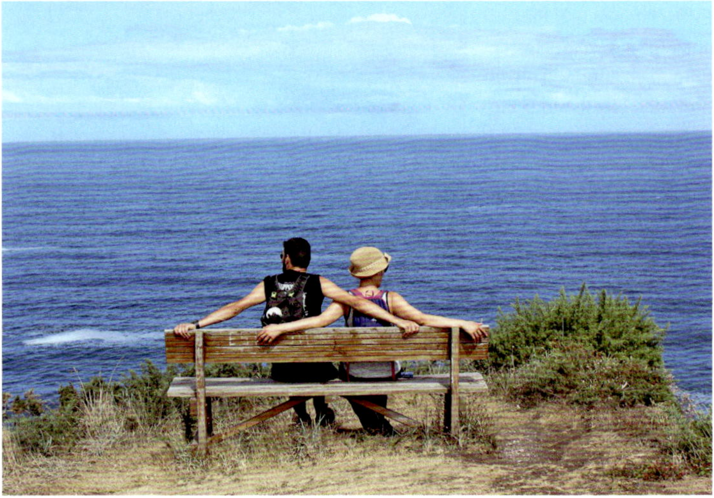

El mejor banco del mundo

2009 war Spanien von einer schweren Wirtschaftskrise gebeutelt. Viele Menschen hatten ihre Arbeit und durch die geplatzte Immobilienblase viel Geld verloren. Auch der Galicier Rafael Prieto war von der Krise betroffen und suchte Trost in der Natur. Er stellte eine Bank an den Klippen von Loiba auf und betitelte sie mit „die beste Bank der Welt", ein Wortspiel, mit dem ironisch hervorgehoben werden sollte, dass diese Bank viel besser als jede (Geld-)Bank der Welt ist.

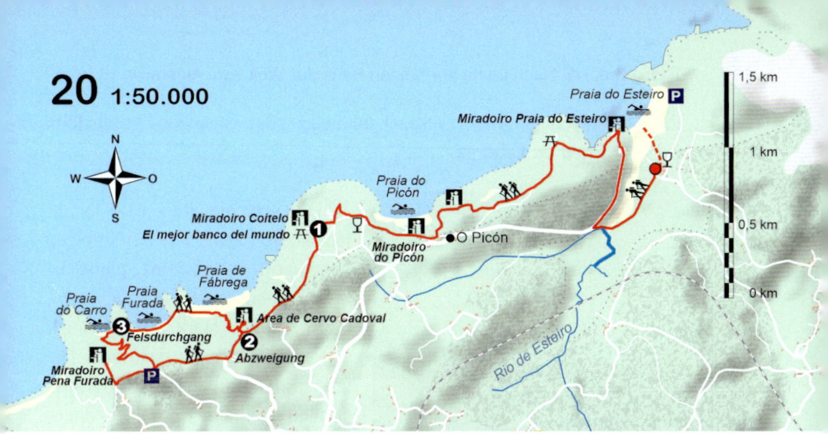

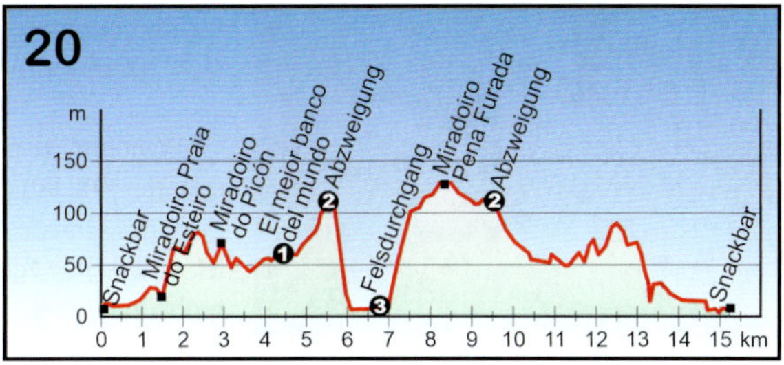

Vom Aussichtspunkt Coitelo aus gehen Sie in Richtung Südwesten und stoßen bei einem Informationsschild auf einen breiten, unbefestigten Schotterweg, dem Sie nach Westen Richtung „Pena Furada“ weiter folgen. Nach knapp 1 km verlassen Sie die Schotterstraße und biegen bei der **Abzweigung bei km 5,5 ❷** der Beschilderung folgend zum rechter Hand gelegenen Aussichtspunkt und Rastplatz **Area de Cervo Cadoval** ab. Dann kehren Sie wieder um. Wieder zurück bei der **Abzweigung ❷** schlagen Sie einen unscheinbaren und nicht markierten schmalen Wanderpfad nach Westen ein, der nach wenigen Metern steil bergab führt. Hier verlassen Sie die Ruta del Cantábrico.

Steigen Sie bei Flut, Regen, starkem Wind oder Sturm nicht ab und lassen Sie diesen Teil der Wanderung aus, wenn keine optimalen Wanderbedingungen herrschen! Bei schlechten Bedingungen folgen Sie dem breiten Schotterweg weiter (Sie laufen hier den Weg, auf dem Sie später auf dem Rückweg zurückkommen). Beim Parkplatz bei km 7,8 treffen Sie wieder auf den Hauptweg.

Der Weg führt sehr steil im Zickzack hinunter zum einsamen, goldgelben Sandstrand **Praia de Fábrega**.

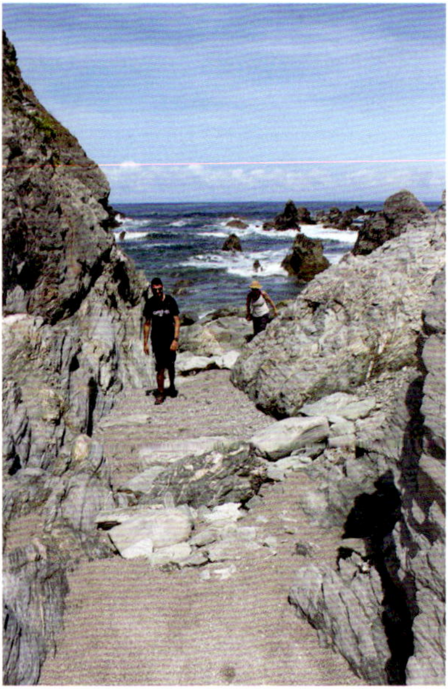

Durchgang zwischen der Praia Furada und der Praia do Carro

Der schmale Steig wird in der Hochsaison zwar von der üppigen Vegetation befreit, im Spätherbst und Frühling kann es aber sein, dass der Pfad stark verwildert ist, was den Abstieg erschwert. Die letzten 10 Hm sind sehr steil und können mithilfe des dort angebrachten Seils überwunden werden (geübte Bergsteiger werden dieses nicht benötigen).

Wandern Sie entlang des Sandstrandes Richtung Westen. Am Ende des Strandes führt ein schmaler natürlicher **Felsdurchgang** zum grobkörnigen, grauen Strand **Praia Furada**. Am Ende dieses Strandes führt ein noch schmalerer, versteckter natürlicher **Felsdurchgang** ❸ zum dritten Strand, dem feinkörnigen, grauen Sandstrand **Praia do Carro**.

Die Algenfrauen

Vor allem an den beiden Stränden Praia Furada und Praia do Carro werden viele rote Algen (sogenannte *gigartinas*) angeschwemmt. Diese Algen wurden bis vor nicht allzu langer Zeit von den Bäuerinnen der Umgebung, den sogenannten *algueiras* (Algenfrauen), einmal im Monat zu Vollmond bei Ebbe aufgesammelt, in Säcke verfrachtet und mithilfe von Eseln über den breiten, steilen Weg der Praia do Carro hinauftransportiert. Jede Bäuerin sammelte ca. 150 bis 200 kg Algen pro Monat – das war keine leichte Arbeit. Diese nährstoffreichen Algen wurden ursprünglich zur Düngung der Felder und als Viehfutter benutzt, später auch für die Kosmetikproduktion verkauft.

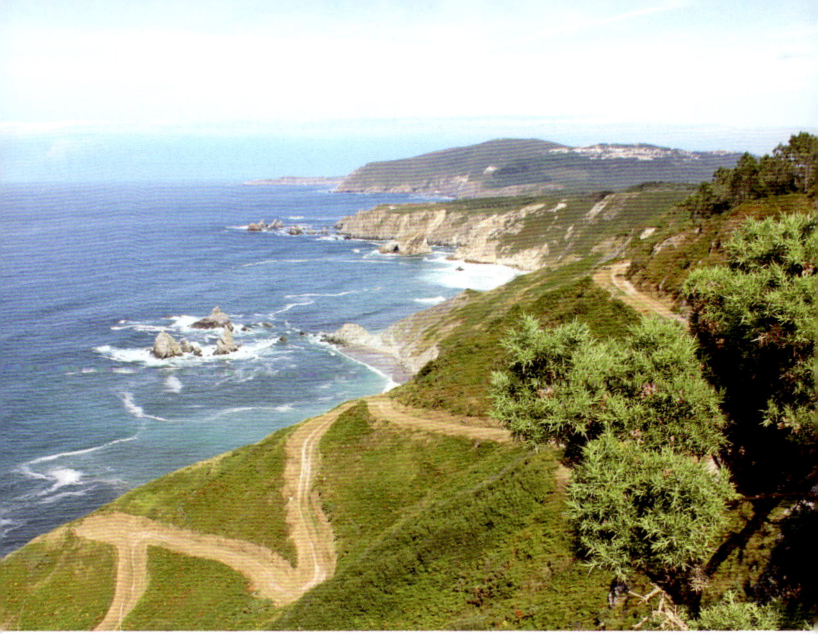

Blick zurück bis nach Esteiro

In der Mitte des Strandes führt ein schmaler Wandersteig bergauf. Der Steig verbreitert sich bald zu einem breiten Weg, der in scharfen Kurven im Zickzack an einem schönen Picknicktisch vorbei zu einem **Parkplatz** führt. Hier stoßen Sie wieder auf die markierte Wanderroute Ruta del Cantábrico. Folgen Sie der Beschilderung Richtung „Porto de Espasante" und „Ladrido" nach rechts und wandern Sie auf einer breiten Schotterstraße durch den schattigen Wald, bis nach ca. 300 m ein schmaler Pfad nach rechts zum Aussichtspunkt **Miradoiro Pena Furada** mit spektakulärem Blick auf die zwei Felsentore der vorgelagerten Insel Pena Furada führt.

Gehen Sie wieder zurück zum Parkplatz. Folgen Sie hier der breiten, unbefestigten Straße weiter, den Schildern „Mirador Coitelo" und „O Barqueiro" folgend. Nach ca. 500 m biegen Sie bei der Weggabelung links ab und gelangen wieder zur **Abzweigung zur Praia de Fábrega ❷**. Gehen Sie auf dem vom Hinweg bekannten Weg wieder zurück zum Ausgangspunkt, wo Sie links noch einen kurzen Abstecher zum Sandstrand **Praia do Esteiro** anhängen können.

21 Von der Praia de San Román nach O Vicedo

Tour für Wikingerfans und Freunde weiter Aussichten

Sie wandeln im hohen Norden Galiciens auf den Spuren der Wikinger, die im 9. Jh. an der Praia de San Román siedelten, und wandern entlang der abwechslungsreichen Küste, wo Sie mit mehreren schönen Aussichtspunkten und kleinen Sandbuchten belohnt werden. Die Wanderung endet am Hafen des Fischerorts O Vicedo.

→ Start: Restaurante Area Grande beim Strand Praia de San Román an der LU-862 zwischen Viveiro und O Vicedo, GPS N 43°42.967' W 007°37.396', Ziel: Hafen von O Vicedo, GPS N 43°44.293' W 007°40.503'

11,2 km

ca. 3 Std.

↑↓ 336 m/334 m

⇧ 2-128 m

Die Wanderung verläuft entlang der sehr gut mit weiß-gelben Balken markierten und beschilderten PR-G 156 Costa do Vicedo. Lassen Sie sich von der falschen Zeitangabe der Informationstafeln zu der Wanderung nicht irritieren, tatsächlich brauchen Sie für die Wanderung bei durchschnittlicher Wandergeschwindigkeit länger als die angegebene 1 Std. 38 Min. Abschnittsweise verläuft die Wanderung auch entlang Etappe 6 der rostrot markierten Wanderroute Ruta del Cantábrico.

Kurzweiliger Wechsel zwischen schmalen Pfaden, breiten Schotterwegen und asphaltierten Straßen. Immer wieder kommen Sie durch schattige Eukalyptus- und Pinienwälder.

Einkehrmöglichkeiten beim Ausgangspunkt, bei der Praia Xilloi (km 7,6) und am Ziel beim Hafen in O Vicedo (km 11,2)

Sitzbänke beim Miradoiro de Tixoso (km 3,8) und bei den Stränden Xilloi (km 7,6), Caolín (km 10,6) und Vidreiro (km 11,1)

Praia de San Román (km 0), Praia Xilloi (km 7,6), Praia de Caolín (km 10,6), Praia de Vidreiro (km 11,1)

Die Wanderung ist für Kinder ab sieben Jahren geeignet. Planen Sie einen Badestopp in O Vicedo ein. Abschnittsweise verläuft die Wanderung entlang wenig befahrener Fahrstraßen. Ein paarmal ist die Hauptstraße LU-862 zu queren. Seien Sie hier vorsichtig!

Die Wanderung ist mit dem Kinderwagen nicht begehbar, da sie teilweise über enge und sehr unebene Pfade verläuft.

Der Weg ist gut für Hunde geeignet. Nehmen Sie Wasser mit.

Parkmöglichkeiten beim Ausgangspunkt

Dreimal täglich fährt ein Bus von O Vicedo zur Praia de San Román (https://arriva.gal/). Die Bushaltestelle in O Vicedo befindet sich gegenüber der Apotheke bei einem kleinen Supermarkt an der Hauptstraße LU-862. Die Bushaltestelle in San Román befindet sich an der LU-862 ca. 500 m vom Ausgangspunkt entfernt.

Lassen Sie sich vom Taxi zurück zum Ausgangspunkt bringen: Taxi Lola, ☏ 606 081 097, oder Taxi Enrique Gonzáles García, ☏ 609 852 839

Parken Sie beim Restaurant Area Grande bei der **Praia de San Román** (auch Praia Area Grande genannt).

Restaurante Area Grande, Praia San Román s/n, 27861 O Vicedo, ☏ 982 587 587, Mo-So 11:00-24:00

Dünenlandschaft hinter der Praia San Román

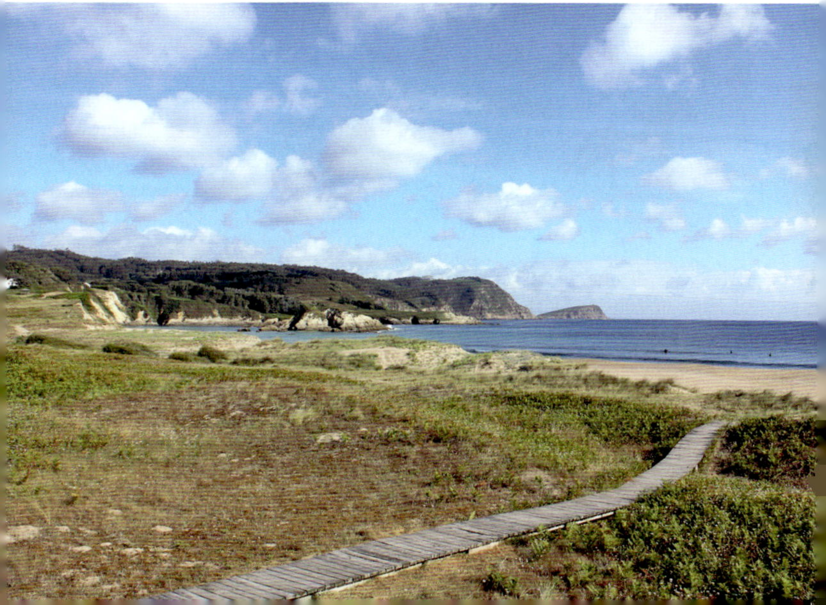

Das Kreuz von San Román, das südlich auf den Klippen über der Praia de San Román thront, wurde zum Andenken an die vier Opfer eines Schiffsunglücks errichtet. Am 5.8.1957 ging vor der Küste O Vicedos das Segelschiff Drácula unter.

Unterhalb des Restaurants biegen Sie nach links ab und folgen dem mit weißgelben Balken gut markierten Wanderweg PR-G 156. Der Weg führt parallel zum Strand **Praia de San Román** über gepflasterte Wege und Holzstege und bringt Sie zu der auf den Klippen im Norden des Strandes gelegenen **archäologischen Ausgrabungsstätte der Wikingersiedlung ❶**.

Die Wikinger in O Vicedo

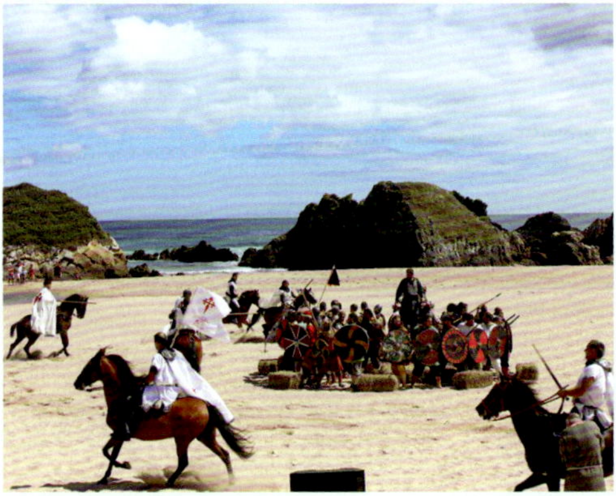

Wikingerfest

Im Jahr 2011 legte ein Sturm bei der Praia de San Román einen 127 kg schweren Steinanker und einen weiteren kleineren Anker frei. Beide stammen von Wikingerschiffen.

Im Rahmen von archäologischen Ausgrabungen, die seitdem im Gange sind, wurden auch Mauerreste gefunden, die zu einer Turmhügelburg aus dem 9. Jh. gehören sollen. Handelt es sich bei den Mauerresten tatsächlich um eine alte Wikingersiedlung, so wäre dieser Fund einzigartig auf der gesamten Iberischen Halbinsel. Aufgrund der spektakulären Funde findet in O Vicedo seit 2016 jedes Jahr Ende Juli die *Romería Vikinga* statt, ein Spektakel vor imposanter Kulisse, das Tausende Besucher anzieht. Lassen Sie sich dieses Fest nicht entgehen!

Der Weg führt weiter Richtung Nordwesten durch einen Pinienwald. Nach ca. 300 m biegen Sie bei der Abzweigung links ab und überqueren die Hauptstraße LU-862 (seien Sie vorsichtig, es gibt hier keinen Zebrastreifen).

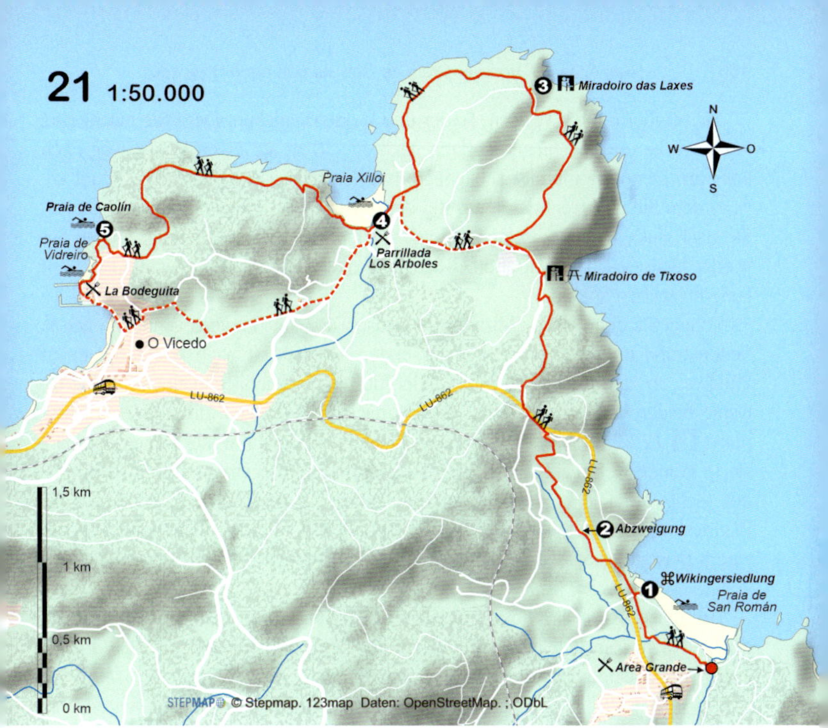

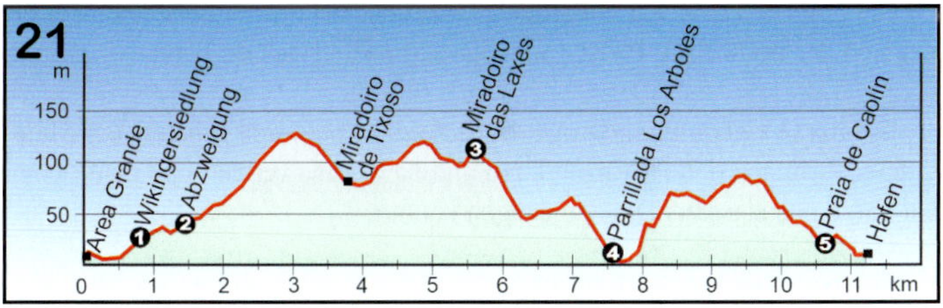

Folgen Sie der gegenüberliegenden schmalen Asphaltstraße, bis der Weg nach etwa 300 m, einige Meter vor einem auffällig pink gefärbten Häuschen mit schönem Garten, nach rechts auf einen schmalen Wandersteig abzweigt ❷.

☞ Die Abzweigung ist leicht zu übersehen, die Markierung ist undeutlich.

Sie wandern durch Wiesen, Felder und kleine Wäldchen. Der Weg macht eine Rechtskurve und Sie biegen sodann nach ca. 50 m auf einen Wiesenweg nach links ab. Der Weg mündet schließlich in einen teilweise asphaltierten Schotterweg, dem Sie nach rechts folgen. Bei der nächsten Abzweigung (km 2,2) biegen Sie nach links ab und kommen zu einer kleinen **Häuseransammlung**. Gehen Sie wieder hinauf zur Hauptstraße LU-862 und queren Sie diese vorsichtig (kein Fußgängerübergang).

Folgen Sie dem Schild „Mirador de Tixoso a 1,2 km" in die gegenüberliegende Seitenstraße und biegen Sie bei der ersten Möglichkeit nach rechts auf einen Waldweg ab, der durch Eukalyptuswälder führt und schließlich in eine asphaltierte, wenig befahrene Straße mündet, der Sie nach rechts folgen, um zum Aussichtspunkt Miradoiro de Tixoso zu gelangen. Ca. 200 m weiter zweigt der markierte Wanderweg rechts ab. Folgen Sie diesem und biegen Sie nach 150 m wieder rechts ab. Die breite Schotterstraße führt bis zum nördlichsten Punkt der Wanderung, bei dem sich der Aussichtspunkt **Miradoiro das Laxes ❸** mit einem Bewegungsparcours befindet. Vor der Küste liegt die Insel Illa Coelleira.

Auf der Illa Coelleira befand sich ein Kloster aus dem 5./6. Jh. Wie archäologische Nachweise belegen konnten, wurde dieses Kloster (wie so viele andere auch) von Wikingern überfallen und geplündert.

Folgen Sie dem gut markierten Weg nun bergab Richtung Westen mit Blick auf die **Ría O Vicedo bzw. Ría O Barqueiro** und den Hafen von Bares. Dahinter befindet sich der nördlichste Punkt ganz Galiciens, ⌘ Estaca de Bares.

Die Ría O Vicedo bzw. Barqueiro hat zwei Namen, weil genau in der Mitte die Grenze zwischen den Provinzen Lugo und La Coruña verläuft und man sich nicht auf einen gemeinsamen Namen einigen konnte.

Der Waldweg mündet schließlich in eine asphaltierte Straße mit Blick auf den Sandstrand **Praia Xilloi**. Gehen Sie hinunter zum Strand. Die **Parrillada Los Arboles ❹** mit schöner Dachterrasse, Blick auf das Meer und schattigem Gastgarten lädt zu einer Stärkung ein.

Parrillada Los Arboles, Aldea Baltar 8, 27860 O Vicedo, ☏ 982 590 436, täglich 10:00-2:00

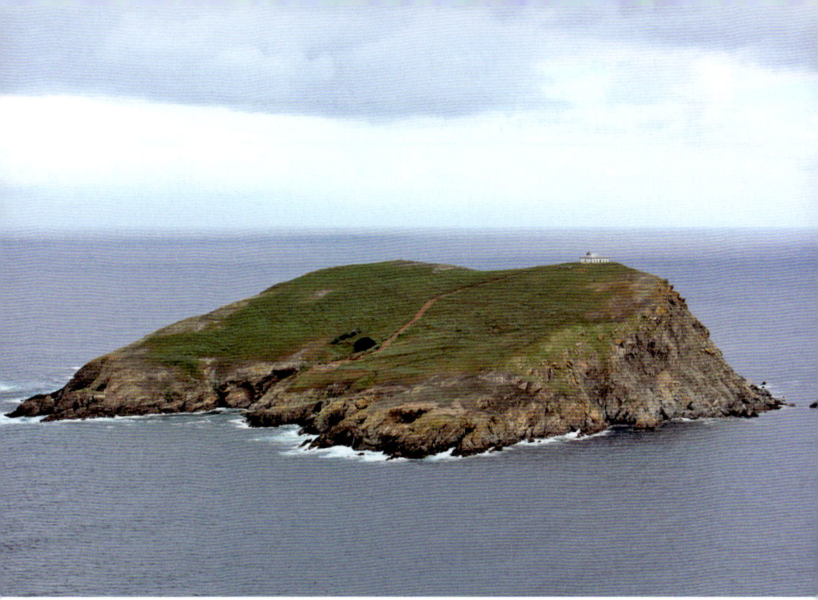

Illa Coelleira

Gehen Sie am Restaurant vorbei und biegen Sie kurz danach rechts auf einen schmalen Weg ab, der parallel zum Strand verläuft. Am Ende des Strandes führt ein schmaler Wanderweg in den Wald hinauf. Folgen Sie diesem, bis er bei km 8,4 in einen breiten Forstweg mündet, dem Sie nach rechts weiter folgen – ignorieren Sie alle Abzweigungen nach links oder rechts und umrunden Sie die Halbinsel auf dem mit weiß-gelben Balken gut markierten, breiten Forstweg. Der Wald lichtet sich, erste Häuser tauchen auf und der Forstweg mündet in einen Querweg. Folgen Sie der schmalen Straße nach rechts und gehen Sie geradeaus bis km 10,5. Hier biegen Sie nach rechts ab. Der gut markierte Wanderweg führt Sie über einen gepflasterten Promenadenweg nun zunächst zum Strand **Praia de Caolín ❺**, bei dem sich die Ruine einer alten Salzpökelfabrik befindet, und weiter zum Strand **Praia de Vidreiro** beim Hafen von O Vicedo, wo die Wanderung endet. Hier befindet sich das Restaurant La Bodeguita del Puerto.

✕ La Bodeguita del Puerto, 27860 O Vicedo, ☏ 603 764 143, täglich 8:00-24:00

Lassen Sie sich vom Taxi zurück zum Ausgangspunkt bringen.

22 Fouciño do Porco

Tour für Familien und Landschaftsbummler

Die kurze Wanderung führt Sie über einen erst unlängst errichteten Panoramasteig zu einem der beliebtesten Familienausflugsziele Galiciens, dem Fouciño do Porco, einer schroffen Halbinsel im wilden Norden Galiciens mit fantastischer Aussicht auf den Golf von Biskaya.

- Start/Ziel: Parkplatz Fouciño do Porco, ca. 9 km von Viveiro entfernt, GPS N 43°42.388' W 007°37.036'
- 3,7 km
- ca. 1 Std.
- 153 m/153 m
- 19-84 m
- sehr gut beschildert
- breiter Waldweg, dann Panoramawanderweg mit vielen Stufen
- In den Sommermonaten können Sie bei dem Kiosk am Parkplatz beim Ausgangspunkt Erfrischungen und Snacks kaufen. Zahlreiche Einkehrmöglichkeiten finden Sie im nahe gelegenen Örtchen Covas. ☺ Geheimtipp von Freunden aus der Gegend: Eine besonders schöne Aussicht haben Sie von der Dachterrasse des Hotels Las Sirenas (Playa de Sacido s/n, 27850 Viveiro, ☏ 982 560 200, http://www.hotellassirenas.es).
- Sitzbänke bei km 0,3 und km 1,5
- Sehr kleine Kinder werden sich bei den vielen Treppen schwertun. Für Kinder ab sieben Jahren ist die Tour jedoch perfekt! Der letzte Teil der Wanderung ist ungesichert mit steil abfallenden Klippen – seien Sie hier vorsichtig!
- Mit dem Kinderwagen könnten Sie nur bis zum Beginn des Panoramasteigs spazieren. Der schönere Teil der Wanderung ab dort ist aufgrund der vielen Stufen nicht mehr für den Buggy geeignet.
- Der Weg ist für Hunde gut geeignet. Nehmen Sie Wasser mit!
- P Parkmöglichkeiten beim Ausgangspunkt

Sie stellen Ihr Fahrzeug beim Parkplatz Ruta Fouciño do Porco ab, der von Viveiro kommend von der Landstraße LU-862 aus gut ausgeschildert ist. Am Parkplatz befindet sich im Sommer ein kleiner Kiosk, bei dem Sie Erfrischungen kaufen können (keine festen Öffnungszeiten). Zunächst führt ein breiter und flacher, unbefestigter Waldweg durch den schattigen **Eukalyptuswald**. Folgen Sie der Beschilderung Richtung „Fouciño do Porco“. Bei der ersten Abzweigung ❶ halten Sie sich links, bei der nächsten Abzweigung ❷ gehen Sie geradeaus weiter.

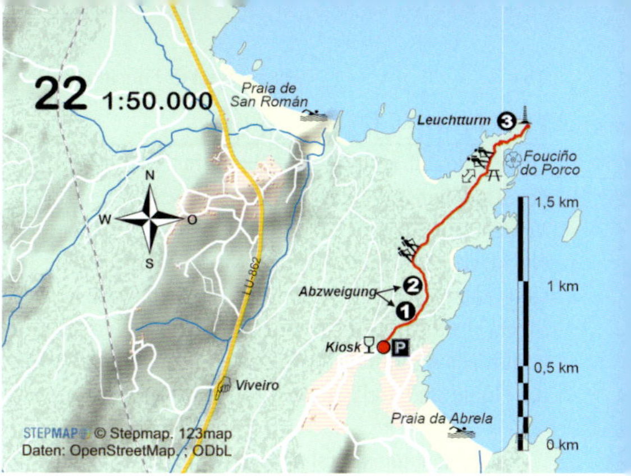

Der Wald lichtet sich bald und eröffnet den Blick auf die Ría de Viveiro im Osten und die steilen Klippen im Westen. Bei einem ersten Informationsschild zur umliegenden Landschaft befinden sich Sitzbänke.

Blick auf Viveiro und die Cova da Doncela

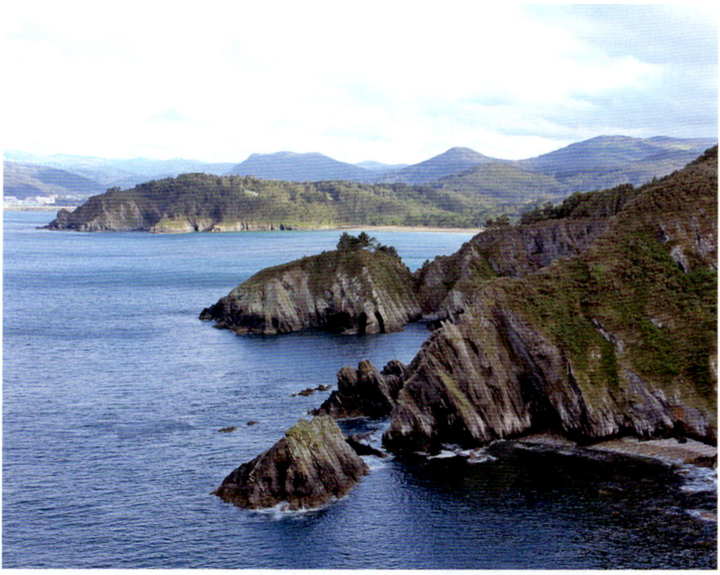

Die Höhle des Mädchens

Unweit des Strandes Praia Abrela befindet sich die Cova da Doncela (= Höhle des Mädchens). Einer Legende nach soll in der Höhle ein wunderschönes junges Mädchen wohnen, das von einem bösen Zauberer verhext wurde. Nur in der Nacht von San Juan darf das Mädchen die Höhle für kurze Zeit verlassen. Sie steigt dann in ihrem langen, weißen Kleid hinab zum Sandstrand und gleitet in das Meer. Dort wäscht sie sich die langen blonden Haare und kämmt diese mit einem Kamm aus Gold und Diamanten. Nach getaner Arbeit steigt sie wieder hinauf in die Höhle und verlässt diese nicht mehr bis zum nächsten Jahr.

Sie gehen nun sehr steil bergab, vorbei an einem zweiten Informationsschild, bis zum **Beginn des Panoramawandersteigs**. Der spektakuläre und – mit Ausnahme des letzten Abschnitts – gut gesicherte Wandersteig windet sich an den steilen Klippen entlang und führt im Zickzack auf und ab über viele Stufen bis zum nördlichsten Punkt der Halbinsel, an dem sich ein kleiner **Leuchtturm ❸** befindet. *Fouciño do Porco* bedeutet „Schweineschnäuzchen". Unter der Halbinsel befindet sich ein natürlicher Felsdurchgang und vom Meer aus sieht dieses Felsentor aus wie die Schnauze eines Schweins. Die Aussicht vom Leuchtturm aus ist beeindruckend!

Auf dem vom Hinweg bekannten Weg gehen Sie wieder zurück zum Ausgangspunkt.

Spektakuläre Aussichten am Fouciño do Porco

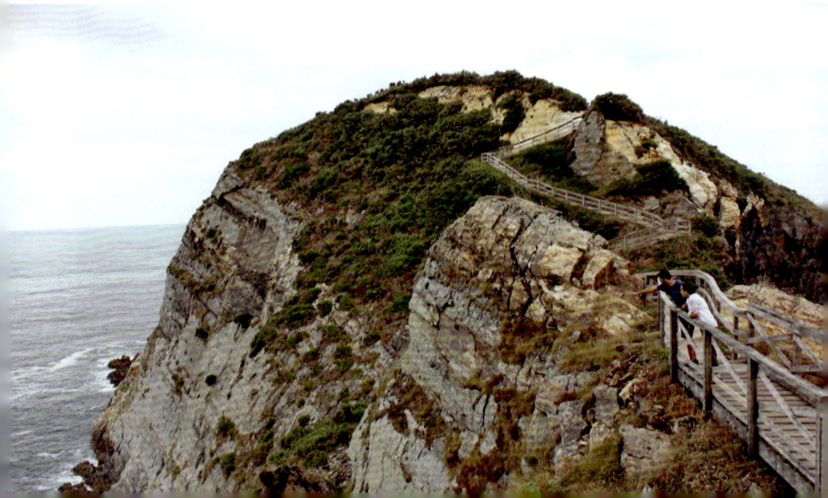

㉓ Von Cervo zum Pfad der Verliebten in Sargadelos

Tour für Romantiker und Familien

Sie wandern vom Dörfchen Cervo am Fluss Río Xunco entlang zur alten Porzellanmanufaktur Sargadelos und schlendern durch wunderschöne Wälder auf dem Pfad der Verliebten (Paseo dos Namorados).

- Start/Ziel: Rathaus Casa de Concello de Cervo, GPS N 43°40.296' W 007°24.642'
- 5,4 km
- ca. 1 Std. 30 Min.
- 123 m/123 m
- 50-108 m
- keine Markierungen
- Die Wanderung verläuft auf romantischen schmalen und breiten Waldpfaden und entlang wenig befahrener Fahrstraßen.
- O Caseto de Copa (km 5)
- zahlreiche Picknicktische und Sitzbänke entlang des Weges
- Die Wanderung ist für Kinder jeden Alters gut geeignet. Ein Spielplatz beim Ausgangspunkt, die Reit- und Baumschule, das Museum beim Fabrikgelände und die abwechslungsreiche Umgebung lassen keine Langeweile aufkommen. Die Wanderung kann an einigen Stellen abgekürzt werden, wenn Ihre Kinder keine Lust mehr haben (Beschreibung dazu im Text).
- Mit etwas sportlichem Ehrgeiz lässt sich die Wanderung mit dem Kinderwagen schaffen, wobei der Pfad entlang des Flusses an manchen Stellen recht schmal ist. Alternativ können Sie auch beim Fabrikgelände parken und nur den Paseo dos Namorados entlangspazieren.
- Der Weg ist für Hunde gut geeignet. Es gibt genügend Trinkmöglichkeiten.
- P Parkmöglichkeiten gibt es beim Ausgangspunkt und beim Fabrikgelände Sargadelos.

Stellen Sie Ihr Fahrzeug beim Rathaus Casa de Concello in Cervo ab. Hinter dem Kreisverkehr befindet sich ein großer Kinderspielplatz mit Picknicktischen und einem Brunnen. Überqueren Sie den Spielplatz und biegen Sie links ab auf die Rúa de Preguiza. Bei der Querstraße Rúa Aldea Igrexa biegen Sie nach rechts ab und gehen zur rechter Hand gelegenen Dorfkirche ✝ **Igrexa Paroquia de Santa Maria de Cervo**, die aus dem 11. Jh. stammt und im 18. Jh. grundlegend renoviert wurde.

Die Straße macht eine Kehre nach links. Sie wandern durch eine Häusersiedlung und folgen immer der breiten Straße, die nach ca. 200 m wieder scharf nach links abbiegt.

Bei der ersten Möglichkeit biegen Sie rechts in die **Sackgasse Rúa do Muiño** ab und nähern sich einer grün gestrichenen Brücke über das Flüsschen Río Xunco. Folgen Sie der Beschilderung „Muiño do Mornelo" und „Río Xunco" auf einem schmalen Wiesenweg am Fluss entlang durch einen schönen Mischwald.

Bei der **Weggabelung** bei km 1,1 schlagen Sie den rechten Weg ein und folgen diesem über eine Brücke, an einer ⌘ alten Mühle und einigen ⩪ Picknicktischen vorbei, bis der Wanderweg in eine asphaltierte Querstraße mündet. Folgen Sie der flachen, breiten Straße nach links. Sie führt zum historischen Fabrikgelände der ⌘ **Keramik- und Porzellanmanufaktur Sargadelos ❶**.

Die Real Fábrica de Sargadelos wurde im frühen 19. Jh. von Antonio Raimundo Ibáñez gegründet. Die Porzellanmanufaktur produziert heute noch wunderschöne Keramik, deren Design sich an Ornamenten der galicischen Kultur und der Castrokultur orientiert und mit der typischen tiefblauen Farbe unverwechselbar ist. Die Keramik ist weit über die Grenzen Galiciens bekannt und qualitativ mit Gmundner Keramik aus Österreich oder Rosenthal Porzellan aus Deutschland vergleichbar.

Wasserfall

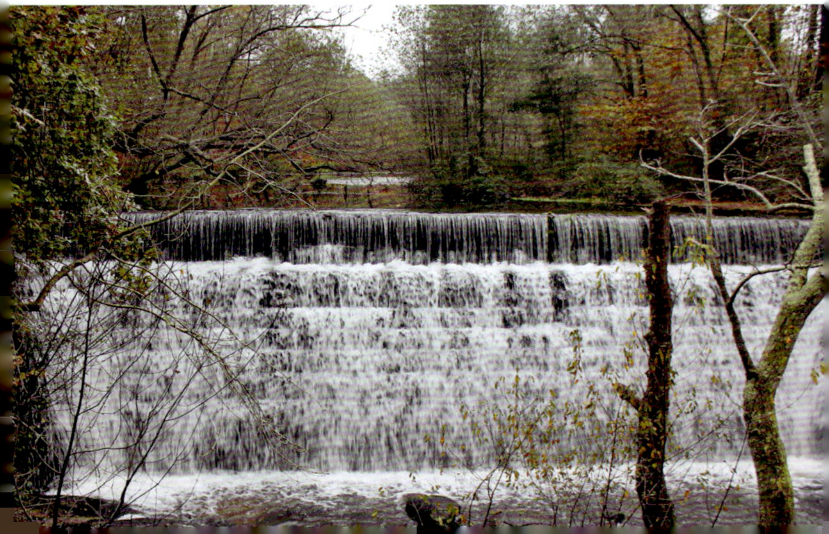

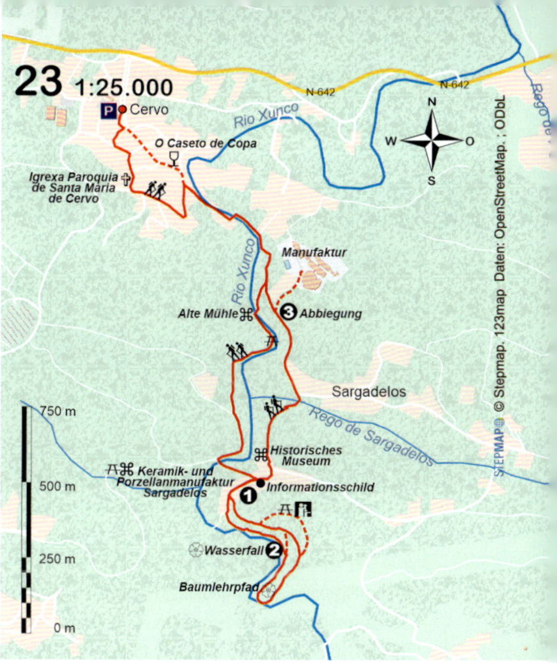

Rechter Hand liegt die ehemalige Bar Zoco (geschlossen). Biegen Sie rechts ab und spazieren Sie an einigen links gelegenen Picknicktischen sowie einer kleinen Reitschule für Kinder vorbei, bis Sie zum Beginn des ausgeschilderten **Paseo dos Namorados** (= Pfad der Verliebten) gelangen, der linker Hand in den Wald abzweigt und auf einem romantischen, flachen Waldweg zu einem malerischen **Wasserfall ❷** führt.

Der Legende nach verlieben sich zwei Menschen ineinander, wenn sie gemeinsam diesen Weg entlangspazieren, sofern sie nicht vorher schon in einander verliebt waren.

Gehen Sie geradeaus auf einem schmalen Wanderpfad am Fluss entlang weiter.

Alternativ können Sie den Weg beim Wasserfall auch abkürzen und dem steilen Weg nach links hinauffolgen, der ebenfalls zurück zum Fabrikgelände führt.

Nach kurzer Zeit macht der Weg eine große Kehre, wird breiter und steigt leicht an. Sie wandern durch einen **Baumlehrpfad** und lernen verschiedene Pflanzen und Bäume am Wegesrand kennen.

Bei der Weggabelung am höchsten Punkt der Tour (km 2,9) halten Sie sich links (der rechte Weg führt zu einem schönen Aussichtspunkt mit Sitzbänken) und spazieren zurück zum historischen Fabrikgelände.

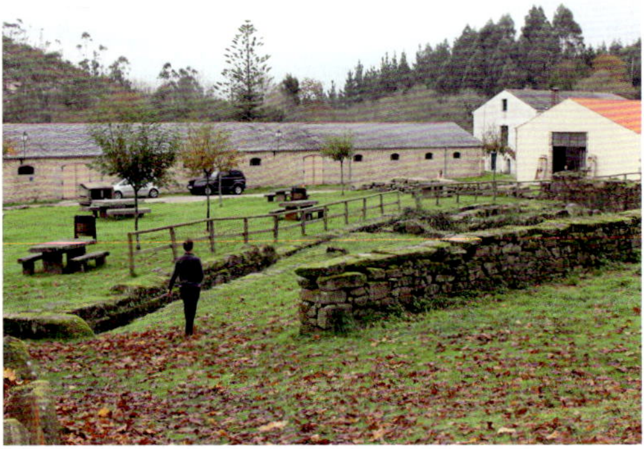

Altes Fabrikgelände der Porzellanmanufaktur

Zurück bei der ehemaligen Bar Zoco wandern Sie am Informationsschild zur Geschichte von Sargadelos vorbei und nach rechts auf einer wenig befahrenen Fahrstraße zum links gelegenen ehemaligen Wohnsitz des Gründers der Manufaktur, in dem heute ein ⌘ **historisches Museum** eingerichtet ist.

⌘ Museo Histórico de Sargadelos, Paraño s/n, Sargadelos, Cervo, ☏ 982 107 654, sargadelos@sargadelos.com, https://museos.xunta.gal/es/sargadelos, Di-Sa 10:30-14:00, 16:30-20:00 (Sommer), 10:30-14:00, 15:30-18:00 (Winter), ☺ freier Eintritt!

Alternativ können Sie auch denselben Weg am Fluss entlang wieder zurückspazieren.

Nach einem Besuch des Museums wandern Sie an der wenig befahrenen Straße auf dem links gelegenen Gehweg Richtung Norden weiter. Bei km 4 biegt ein Weg links in den Wald ab ❸.

Statten Sie aber erst noch der modernen Manufaktur von Sargadelos einen Besuch ab. Sie können die Produktionshallen besichtigen und im Shop ein typisch galicisches Mitbringsel erwerben. Dazu biegen Sie hier noch nicht in den Wald hinein, sondern folgen zunächst der Straße für ca. 150 m weiter geradeaus. Die Manufaktur liegt rechter Hand.

⌘ Sargadelos Galería de Cervo, Estrada a Sargadelos s/n, 27891 Cervo, ☏ 982 557 686, galeriacervo@sargadelos.com, www.sargadelos.com, Mo-Fr 9:30-19:30, Sa 11:00-14:00, 16:00-19:00, So 11:00-14:00, ☺ freier Eintritt!

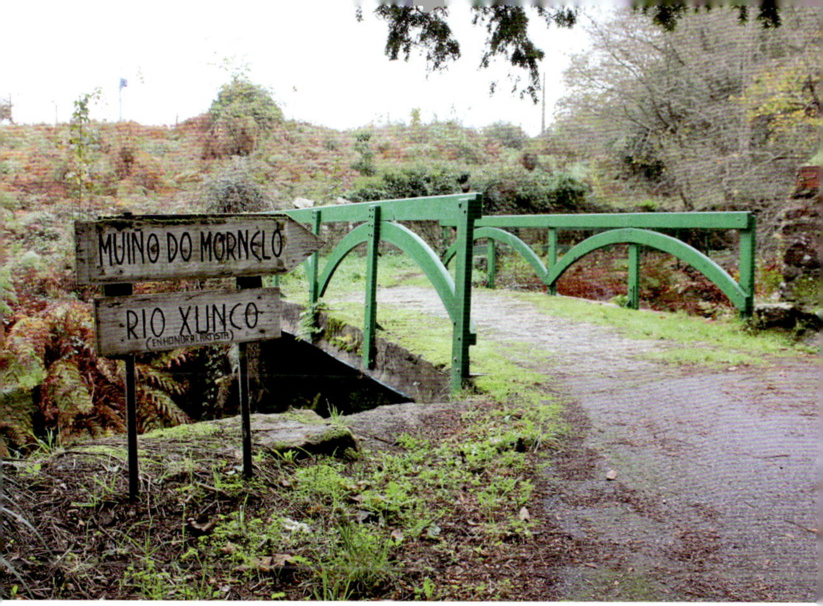

Über die grüne Brücke zum Wanderweg am Fluss Río Xunco

Anschließend gehen Sie zurück zu dem abzweigenden Waldweg ❸, dem Sie nun folgen. Dieser mündet wieder in den vom Hinweg bekannten Weg. Folgen Sie demselben Weg wieder zurück zum Ausgangspunkt.

Sie können den Weg abkürzen, indem Sie beim vom Hinweg bekannten Abzweig in die Sackgasse Rúa do Muiño rechts abbiegen und in Richtung Westen an der Straße entlang, an der Bar O Caseto de Copa auf der Praza Souto vorbei, zum Ausgangspunkt zurückgehen.

Bar O Caseto de Copa, Praza Souto, 27892 Cervo, ☏ 982 571 081, täglich 9:00-24:00

Das unweit von Cervo gelegene Örtchen San Cibrao wird der Legende nach alle sieben Jahre von einer riesigen Seeschlange (serpiente marina) heimgesucht, die an der Küste ihre Eier legt. Die Seeschlange soll über 30 m lang sein, große, rot glänzenden Schuppen haben und sich auch an Land fortbewegen können. Der Seeschlange darf man sich unter keinen Umständen nähern – sie frisst nämlich jeden, der ihr über den Weg läuft, mit Haut und Haaren.